美丽人生国外经典系列

爱的清单

体会告别中孕育的礼物

（英）吉米尼·亚当斯 著　王蕾 译

全国百佳图书出版单位

时代出版传媒股份有限公司

安徽人民出版社

图书在版编目（ＣＩＰ）数据

爱的清单 /（英）亚当斯著；王蕾译.—合肥：安徽人民出版社，2014.6
（美丽人生国外经典系列）

ISBN 978-7-212-07431-9

Ⅰ.①爱… Ⅱ.①亚… ②王… Ⅲ.①人生哲学—通俗读物 Ⅳ.①B821-49

中国版本图书馆CIP数据核字(2014)第124143号

爱的清单
AI DE QINGDAN

（英）吉米尼·亚当斯　著　　王蕾　译

出 版 人：胡正义
责任编辑：任　济　王大丽
封面设计：陈俊光

出版发行：时代出版传媒股份有限公司 http://www.press-mart.com
　　　　　安徽人民出版社 http://www.ahpeople.com
　　　　　合肥市政务文化新区翡翠路1118号出版传媒广场八楼
　　　　　邮编：230071
　　　　　营销部电话：0551-63533258　0551-63533292（传真）
印　　刷：北京凯达印务有限公司
　　　　　（如发现印装质量问题，影响阅读，请与印刷厂商联系调换）

开本：670×960　1/16　　印张：13.5　　字数：180千
版次：2014年9月第1版　2014年9月第1次印刷

标准书号：ISBN 978-7-212-07431-9　　定价：35.00元

导　言

　　在分离之际，分享一个吻、一个拥抱、一个笑话，甚至是几句中听的话，对你我都会是美好的馈赠。然而，有时我们会忘记以这样体贴的方式表达自己的关爱，也许因为我们匆匆忙忙急着出门，也许因为出现了分歧，导致我们不欢而散。但是没关系，我们可以拿起电话表达歉意，或者在下一次见面之时做出补偿，分享彼此的情感。看起来我们似乎总是拥有第二次机会，可遗憾的是，事实并非总是如此。有些时候，最后的机会会在没有预警的情况下悄然流走，连说声再见的机会也不留下。

　　试想，如果你即将离开一星期却没有与家人好好道别，可能会带来什么后果。毫无疑问，你的家人会感到非常失望和沮丧。同时，你很快会意识到自己的行为是多么愚蠢，并打电话表达歉意。你的家人很可能会原谅你，这件事很快就告一段落。但是"假如"，出于某种原因，最坏的情况发生了，也就是说这是你与家人道别的最后一次机会。你会怎么办？向家人表达关爱的机会不是永远都有的。试想一下，当你爱的人获知他们再也不能与你交谈、拥抱、一起欢笑或再次见到你，他们会多么崩溃。这是可能发生的情况。你再也没有机会与家人分享你的爱，表达你的关心，这会给自己和家人留下深深的遗憾。

尽管知道"这一天"的到来是不可避免的，我们中很少有人为这个"假如"做出充分准备。我们容易忽略这种情况，因为我们不知道悠悠岁月中哪一天会是人生的终点，除非被诊断出患有绝症，我们才会猛然意识到这一天即将到来。但即使在这种悲剧性的情况下，我们仍然会对这一天视而不见。

或者，我们说服自己，这一天在遥远的未来中，在20年、在30年、40年后才会到来，现在无需做出准备。但这是一个错误的想法。"这一天"往往会在意外事故、自然灾害、突发疾病或其他可怕的悲剧中突然到来，而由于没有对"这一天"予以重视，我们措手不及。我们没有留下几句话或一点关爱就离开了，我们渴望能再有一次机会为留下的生者做些什么，因为他们在承受着失去爱人的痛苦。

为了避免这样的情形，你可以询问自己以下几个问题（它们是十分重要的）——在知道离开的确切时间和日期后，你会做什么？你将如何度过余生？你会与他人分享你的生活经历、价值观和人生领悟吗？你会替你爱的人留下一份礼物作为念想吗？或许你可以在离开的时候，留下一封充满爱意的信或其他东西，以安慰和鼓励留下的人。显然，当你确实知道"这一天"到来的时间时，你会把这一切都完成，甚至做更多事。

以这些方式表达自己的关爱，就可以创建属于你自己的爱的遗产，并且这样做可以帮助那些最终留下的人克服失去至亲带来的痛苦：包括你的孩子、伴侣或情人、兄弟姐妹，甚至你的父母。我们每个人都可以将我们的离去为生者带来的影响降到最低，帮助他们减轻并克服丧亲之痛。首先我们得认识到明天并不总是存在，认真准备这最后的告别，事情会变得很不一样。做到这些，我们就可以完成这份告别的礼物。

 命　途

生命何其长，我们又要用多久

去行尽我们注定的命途

在这浩瀚的宇宙

我们在这个星球上，转瞬即逝地

留下我们的痕迹，流芳人间

留下我们之所以成为我们的珍贵回忆

我们自由地开拓

像明亮的星一样闪耀光辉

等待挖掘的未知太多

可我们的逗留却太过短暂

很快，天使将携我们的手

去往来世，去往乐土

让我们在穿向天堂时

祈祷自己已留下了丰盛的、爱的遗产

目　录

第一部分　实现

第一章　机会

第二章　情感财产的价值

第三章　与悲痛交手

第四章　别提"死"这个字眼！

第二部分　礼物

第五章　好的指引

第六章　未来的惊喜

第三部分　说再见

第九章 　弄清你的愿望

第十章　生命的庆典

第十一章　享受现在

第一部分 ♥ 实现

第一章

机 会

上天从不眷顾不把握机会的人。

——中国谚语

倘若我的母亲还活着，我写不出这本书，因为显然我不会拥有从这个损失中得到的感悟。我永远不会明白家人对与逝者保有联系的渴望，我也永远体会不到失去至爱的痛苦。

然而，这个曲折痛苦的学习经历似乎已经达到了它的目的。母亲往生13年后，我执笔写下这本指南书，分享我的感悟，告诉读者如何从中——即使是从最悲痛的告别中发现隐藏的宝石，这是一份我们每个人都可以给予的珍贵礼物。可惜我们中的大多数都无法及时发现这块宝石。我们过于害怕"死"这个字眼，以至于我们从不做这最坏的打算。我们拒绝相信它的存在，假装它永远不会发生，希望一切都是好的。可现实很少如此。正是这种没有为这个"假如"充分准备的失败做法，使得在"这一天"最终到来之时，那些活着的家人和朋友需要承受更大的痛苦和悲伤。这是因为，如果我们无法明白所爱之人未来的需求，提前为这一可能性做出计划，那么他们将像我一样，体验着巨大的消极情绪和悲痛。他们被留下来，饱受迷茫、孤独、无人喜爱、无依无靠的煎熬。我想这一定是你永远不愿看到的一幕，这也是我为你准备属于你的爱的遗产的原因。拥有爱的遗产，你可以隔着阴阳之界，对家人和朋友给予支持，帮助他们在"这一天"——他们最痛苦的时刻叩响房门之时，更好地应对失去之苦。我知道这也许是一个令人不愉快的想法，但请花几秒钟的时间想象一下"这一天"到来时的情景。你离开了这个世界，走入了另一个世界。想一想你的离去给家人带来的影响：

- 他们如何知道你对他们的爱？
- 谁会分享他们的故事？
- 谁可以在他们需要帮助的时候让他们依靠？
- 谁来安慰和关心他们？
- 他们如何保持脑中关于你的记忆？
- 谁来帮助他们做"正确"的人生选择？
- 谁会在他们遭遇难关的时候激励他们？

有所不同

我知道这些都是棘手的问题，你可能根本不会问，但如果你不这么问，那么这些问题将永远没有答案。然后，当"那一天"来临的时候，你所爱之人就必须自己寻找答案，与此同时努力寻找应对丧亲之痛带来的挑战的对策。这就是回答这些问题如此重要的原因。不是在遥远的未来——20年或40年后，你相信"这一天"可能到来的时候，而是现在、今天，当你还是健康的、能够实现这份告别的礼物的时候回答这些问题。

可惜的是，我的母亲没能做到这一点。她没有这样一本告诉读者如何最大限度地减少生者承受的痛苦的书，她无法回答这些问题，因为从没有人问过这些问题。她不知道这份爱的遗产对她的孩子有多么重要。如果她能早一点知道如何留下这样一份爱的遗产，我相信会减轻一些丧亲之痛带来的伤害。我相信它一定能够帮助我从悲痛中更快更好地恢复过来。但总的来说，我相信它有助于维持我和母亲之间的爱的纽带。这就是为什么我写出这本书。因为我想让你明白如何安慰、引导和鼓励你的家人——甚至隔着阴阳之界，因为，通过记录你的情感，你可以帮助你所爱之人，使其在你离开很久之后依然与你保持联系。

在这本书中，我也将告诉你如何通过使用特定的工具，减少亲人逝世带来的心理上和情绪上的伤害。我的目的在于帮助你、防止你的亲人走入危险区域或停留在悲痛的巨大空洞中。不过，我不会使用任何学术理论。相反，你会发现我提供的是切实可行的、立竿见影的解决方案。这本书的第一部分将帮助你对悲痛和损失有更深刻的了解，其目的在于帮助你认识到这些问题的困难本质。第二部分提供了大量丰富的实践方法，帮助你轻松地开始创建属于你的爱的遗产。第三部分探讨了如何更从容地面对人生终点的到来，并学

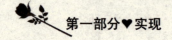

习如何更好地度过生命的最后时光。

由于《爱的清单》这本书是基于个人经验而写的——在我21岁的时候我的母亲死于癌症，因此这本书大部分是根据我的个人感悟而写的。但是我也将许多采访或咨询过的生者的想法、观念和建议涵括在内。有些人的父母希望能对孩子的生活保持积极的影响，因此他们探索出通过替代者的方式，继续为孩子提供依靠和抚养。这种想法不仅仅存在于父母中，还存在于那些想要与活着的人——兄弟姐妹、伴侣、父母、恋人或孙子孙女，想要与任何将承受这种失去所带来的痛苦的人维持支撑的爱的联系的人中。在你学习如何做到这一点之前，我想与你分享一点我的故事，让你更加深刻地明白"这一天"的到来对生者的影响。

"这一天"来临之际

这一切得从我18岁开始说起。那时我刚刚放假，正开始我的第一个独立的冒险之旅。那是一份在天堂饭店担任女服务生的暑期兼职，饭店位于Lefkas——希腊南部的一个地中海岛国。假期很快就结束了，是时候回到英格兰与我的家人一起了。在英格兰假期的最后几天，我照看16岁的弟弟雅各和他的朋友们，同他们一起前往伯恩茅斯沙滩冲浪。对于两个少年来说，这是一次无忧无虑的再普通不过的释放学习压力的度假。但是，这一切即将改变。

母亲那一个月看了5次医生，因为抗生素处方并没有让她的咳嗽炎症消退，她的肠易激综合征（IBS）——引起她强烈的胃痛的

第一章 机会

直接原因——越来越严重。我还记得回到家时看见母亲和她的朋友弗朗西斯正在沙发上互相安慰。他们红肿的眼睛和布满泪痕的脸庞使得旅途的快乐立即烟消云散，我意识到某些不好的事情要发生了。那天她在医院就诊，会诊的专家通过诊断得出了新的诊断结果——肺部和肝部继发性癌症。这非常严重。虽然我并不完全明白这意味着什么，但我明白了一件事——妈妈（安德烈·亚当斯）对抗癌症（致命疾病）的斗争开始了。

这个噩耗让我们一家人团结在一起思考："这一天"可能、也许、会到来吗？还是那样，我们认为"这一天"应该不会到来。但是如果"这一天"真的到来了，怎么办好呢？从获悉诊断结果的那一刻起，这些想法就如同环形过山车般回绕在我们的脑海中，这些不确定性支配着我们的生活。我们就像被这股"假如"的风席卷着，漂流到一个被我称为地狱的地方。虽然进行了进一步诊断，但医生们仍然无法找到病源，这使得成功治疗的机会更加渺茫。肿瘤学家宣布她的生命只有短短3个月了——对于拥有孩子的46岁的母亲来说这是一次无情的不公平的对生命的宣判。

母亲下定决心赢得这场斗争，她想要保护我们免受这个噩耗的影响，于是她和弗朗西斯没有把进一步的诊断结果告诉任何人。她们希望一切都和原来一样，但他们失败了，他们的变化很大。突然之间，家里的日常用品中多了大量的药物、药瓶、包装盒、注射器、针管，还有一台丑陋的希克曼化疗导管，更别提数不清次数的就医、看专家和看肿瘤学家。我们进入了一个陌生的世界，那里充满了陌生面孔、科学技术和外国术语：化疗、肿瘤、活检、毒

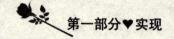

性、血液学、中性白细胞减少、转移、缓解和复发。不断地有朋友、亲戚、同事打电话或到访，表达他们的美好祝愿和关心。我们必须尽快适应这一切。

然而尽管如此，我们依旧继续着每天的日常生活。母亲继续着她的英国广播公司电台记者、作家的工作，并领导着反对工作场所的欺压的运动，她跑遍了全英国，为英国的主要机构提供培训和咨询。与此同时，弗朗西斯安慰和支持我和弟弟，让我们安心地继续我们的学业。然而，母亲这些保持生活正常的努力并不是完全成功的。有些日子里，伪装的面具被撕裂时，死亡的不确定性带来的压力——从医院回来时两行隐藏在心底的眼泪，或妈妈痛得抽搐时那片刻的恐惧就迸发了。我们就这样生活了两年。

母亲不肯接受肿瘤学家只剩下3个月生命的断言，因此她一直在与癌症斗争，她一直坚持着。甚至在癌症给她带来的极度疼痛已经扩散到骨头深处时，她都坚持下来了。然后，在11月的一个寒冷的日子，癌症战胜了母亲，这个脸有雀斑、面带笑容、怀抱可以化解一切痛苦的漂亮女人，静静地在家里走到了生命的终点。这个"假如"最终有了结果："这一天"到来了，带走了最珍贵的东西——我的母亲。

那是漫长而坎坷的旅程的开始。我曾经认为我们在这漫长的等待中做好了心理准备，当"这一天"到来之时我们会更容易挺过去。但是我错了。在头几个星期中，我经常哭。绝望的感觉压得我喘不过气来。在此之前，我唯一悲痛的经历就是失去兔子呆呆、仓鼠蹦蹦和疯子般的杰克罗素狗小泥巴，因此对于悲痛我的体会甚少。这些宠物的离去会让我离开学校一段时间以使自己从悲伤中恢复过来，但仅此而已。而母亲的离去与此完全不同。我的生活从此变得支离破碎。我失去了爱的主要来源、我的指明灯、我的教练和我最好的朋友。我很伤心，非常伤心。没有东西能够缓解失去母亲带来的绝望和痛苦。

生者在遭罪

"这一天"对我的生活的影响是巨大的。即使到现在，在经历了这么长时间的恢复期后，我发现这种悲痛的消极情绪仍然在影响着我。孤独感、不安全感和自卑感总是占据我的身心，尤其是在有压力、身患疾病、被拒绝或过渡期的时候，这个旧伤口很容易就被撕开。在新的伤疤下隐藏着深深的悲痛和遗憾，曾经在这种困难的时候安慰我的人永远不会回来了。失去父母的那种撕心裂肺的感觉很难解释明白，但我希望这篇撰写于母亲去世后一年的日记的开头，能带给你一些感悟：

凯特问我感觉如何。"还行。"我已经这样撒了无数次谎。我还能说什么？"绝望、空虚、不安，22岁的我感觉自己就像一个在超市与妈妈走失的孩子，孤独、害怕、找不到回家的路。"

现在，在你开始思考"22岁的时候她应该已经足以应付没有母亲的生活吧"之前，让我告诉你，当你失去那个给予你生命中大部

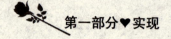

分的关爱和精神支持的人时，无论你年纪多大，多么强大，多么聪明，你的世界都会动摇。这一经历对于儿童、年轻人和终身伴侣，尤其是年长者来说是一个巨大的挑战。对于那些活着的家人来说，失去他们的主要照顾者，结果可能是灾难性的，他们在接下来的生活中需要面对许多消极后果。最依赖你的人如果想要从悲痛中恢复过来，往往会更加需要一个持续的情感支撑、协助和指导。我们中很少人完全了解这些需求，除非我们亲身经历了失去所爱之人的感受。可悲的是，这就意味着许多失去至爱的生者必须自己克服所有的悲痛。

我和弟弟的情况就属于这种。在母亲去世的时候，我和弟弟都是年轻人，人们认为我们足以应付这种悲痛，他们不知道我们失去母亲后的心灵需求和由此面临的挑战。我们的世界从原来那个稳定的可以依靠的地方变成了一个不稳定的弥漫着悲伤的地方。母亲的爱是我们生活中最重要的组成部分，是每一个母亲给予她的孩子的精神食粮的生活已一去不复返，取而代之的是充满悲痛的地狱。在那段日子里，我本应该已经开始我的成年生活，走自己独特的人生道路。但是，与我的同龄人不同，他们正充满信心，在生活和事业上取得进步，我绝望地在迷茫和深深的痛苦中反复挣扎着。我生命中的关键人物不在了。那个可以征求意见的人，那个聪明的女人和引导者，那个鼓励我发展爱好的支持者不见了。我感到十分孤单、崩溃、伤心欲绝。我不知道自己该走哪条路。有些日子里我很好，但在有些日子里却很糟糕，比如生日、节日、纪念日、庆典和特殊日子。这些日子曾经充满了欢乐和庆祝活动，如今我却倍感孤单。其他人在这些日子中表现出的昂扬和热情，只会放大我失去母亲的痛苦。那些贺卡、蛋糕、礼物、电话和拥抱都会唤起痛苦的回忆，让我想起这一切的关联者——我的母亲，已不在人世。

然后在有些日子里，当我的运气用完时，当我的信心退却时，或是需要做出重要的决定时，以及面对日常生活中的挑战时——学习、考试、赚钱、工作和人际关系，我感到筋疲力尽。即使我尝试为自己打气，相信事情会好起来，但只有我那慈爱的母亲说的话，或者说这是她给予我的武器，才会使我立即确信一切都会变好。我渴望能够联系上她，得到她的一些安慰的话语，或是鼓励，或是启发，或是表扬，或是一些指引，以帮助我选择正确的道路，或一些可以激励我、给我带来希望的话语——一句她说的"我为你感到骄傲""我爱你"或"我相信你"。一些能体现她真正关心我的东西：一张纸条、一盘磁带，甚至是一张潦草地写着几句话的餐巾纸都能减轻我的痛苦，但只可惜，母亲留下的只有沉默。

随着时光的流逝，我不再需要与母亲保持联系。我慢慢已经能够依靠自己，并找到了可靠的榜样，从他们那里我可以得到我需要的指导。但这一过程花了13年，而且直到现在失去母亲带来的悲痛仍然渗透在我的世界中。我对于我的过去、对于我如何成为这样一个人而感到困惑，我质疑那些关于母亲的故事是事实或虚构。在有些时刻，我的内心充满了失去母亲的痛苦，这通常发生在别人结婚、孩子出生，或公开女友时，因为这些事情都与他们的母亲有关——这些事情我永远不可能与母亲一起完成（显然他们没有意识到这样一次单纯的声明给我带来的痛苦影响）。

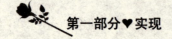

回头想想这似乎很奇怪，虽然我们知道母亲的逝去是一件很可能会发生的事，但我们却从没有讨论过它可能带来的影响。不仅仅是我们，医生们、护士们或临终关怀工作者们都没有讨论过。没有人告诉过母亲为这个"假如"，为减轻孩子、伴侣、家人的丧亲之痛做准备的重要性。没有人向她提起过如何帮助活着的家人接受她的离开，没有人向她说明过如何建立一个连接她与我们的爱的纽带。由于没有失去亲人的悲痛经历，母亲无法想象到她的离去对我们产生的影响。她不知道我们即将面临什么难关，也不知道如何隔着阴阳之界给予我们安慰或鼓励。由于她没有看到这本书中给出的建议，很遗憾，她是众多再也无法实现这份再见的礼物的其中一人。

除非你实现了

母亲确实收到了一些为离开做准备的建议。她被建议写下了最后的遗嘱，这样她的财产将根据她的意愿分配——我对此感激不尽，因为从现实和法律的角度来看这对我帮助很大。但这丝毫没有减轻我的痛苦，或是帮助维持母亲与我之间的爱的纽带。与失去母亲的痛苦相比，她留给我的房子、汽车和财物都不值一提。我真正想要的是一些能够体现她对我的爱的东西，尤其是在圣诞节和生日，在她逝世后我倍感孤单的日子里。

在一些非常艰难的时期，例如当我发生重大车祸从手术中恢复时，或者我在奥地利工作期间分外想家的时候，我非常渴望从母亲那儿得到一些指导或一个特殊的纪念品。一封信或一张卡片，或一些能与母亲分享情感的东西，都会有助于我保持与母亲逐渐淡去的联系。我很快就意识到，真正的遗产并不是她留下的金融财产，而是她的情感财产——她的才华、她的感悟、她的价值观、她的人生故事和她分享的爱。这些是组成我们的感情基础的宝贵成分。

假如母亲知道如何收集和分享她的情感财产，我相信这一定能够有效地减轻我的悲伤。母亲的这份爱的遗产能够减少我的痛苦，并在我艰难的时候给我鼓励，使我们之间的联系不因岁月流逝而变弱。我相信这也将有助于帮助我更好地从丧亲之痛中恢复过来。随着时间的推移，在与同样经历丧亲之痛的人沟通过后，很显然我的直觉是正确的，因为这些人与我共同渴望着与逝去的亲人有某种联系。我希望其他人能够明白情感财产的重要性和价值，使他们能够有所作为，帮助减少生者的苦难。但是谁能够向这个世界提出建议？我有什么资格能够提出这样的建议呢？

我不是心理学家，也没有接受过任何悲伤顾问的培训，因此我开始自己进行研究。我花了四年时间采访部长、悲伤顾问、临终关怀工作者、护士、医生，以及悲伤、丧亲之痛和姑息治疗领域的著名专家。我看过无数有关悲伤、丧亲之痛和相关主题的文章、刊物和书籍。我与英国领先的丧亲关怀组织CRUSE和国家精神治疗者联盟（NFSH）共同进行研究，在NFSH自愿担任治疗师和顾问。我共花了数百个小时听那些经历了这样或那样的丧亲之痛的生者叙说他们的经历。在此期间，我被温斯顿·丘吉尔纪念信托基金授予了奖学金，它慷慨地为我的研究"爱在姑息治疗中的作用"提供赞助

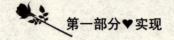

资金。这使得我的研究范围延伸到海外。在美国，我采访了一些领先的姑息治疗机构、疗养院和丧亲护理中心的董事长和创始人，其中包括加利福尼亚旧金山的禅宗临终关怀中心（Zen Hospice Center），俄勒冈州波特兰的道奇创伤儿童和家庭中心（The Dougy Center for Grieving Families and Children），以及纽约的基督教医院（Calvary Hospital）。

我了解了很多失去亲人的生者想要什么。但我还是无法确定，我的爱的遗产的理念是否真的能为他们带来帮助，因此我进行了一个单独的小型调查，调查人们希望从父母手中继承什么样的遗产。出乎我的意料，调查结果证实了人们更加渴望拥有情感财产。也许最有代表性的一个例子是一名老人，他是少数从父亲手中得到这样一份情感财产的人之一。他的父亲在参与第二次世界大战之前给他留下了一封信。"我对我的父亲了解甚少。在我3岁的时候他就去世了。但是这封信让他的形象一直保持在我心中。我不知道没有这封信会怎么样，我认为这是我最宝贵的东西。我要复印这封信，它已经残破了，毕竟我读了这么多次！"

这是拼图的最后一块。终于我拥有足够的证据来证明，创建爱的遗产这个想法确实能够帮助那些失去亲人的生者。我该与人们分享我的所学所感，因此有了这本书的诞生。在这本书中，我将采访的许多失去亲人的生者的想法与自己的见解相结合，从这本书中你可以学习如何为那个"假如"准备一份爱的遗产——让你的孩子、兄弟姐妹、配偶或情人，甚至父母与你永远保持某种联系。继续读下去你将学习如何识别、记录、分享你的情感财产，这样你就能创造属于你的爱的遗产，把所有重要的、只属于你的特质全部收集在内。

你将学习如何将能够表达你的情感的信息、媒体、音乐和纪念品结合起来，创造一份未来的惊喜，以鼓舞、激励，并告诉你活着的家人你对他们的关爱。但是，请记住——这可能需要一点勇气。不是每个人都能面对这严酷的现实，为自己的死亡做准备。如果您已经在思考"我究竟该如何做到这一点"，那么花点时间想象一下30年后你的孩子或伴侣打开一封信，信里面你向他们表达了你的思念，并列出了所有关爱他们的方式，以及你的人生故事和对生活的见解。现在，再想象一下他们打开这个宝藏时喜悦的心情，你会意识到虽然你的身体不在了，但这封信会一直陪伴着他们。

你可能仍然不太愿意为这样一件不希望发生的事情做准备。但我保证，在你学会如何化解"死"这个字眼给你带来的恐惧后，在你对爱的遗产为你自己和家人带来的积极影响有了更深刻的理解后，你会更愿意去做这个准备。当你读完这本书的时候，我相信你会拥有足够的勇气为自己的死亡做准备。很显然，你是一位富有开拓精神、勇敢、善良和富有同情心的人——这难道不是你拿起这本书的原因吗？当然，如果你对于这本书的某些部分心存疑惑，请记住，尽管放心地选择一项建议进行实践，你会发现它对活着的亲人有着巨大的影响。因为，不像那些在"这一天"到来后为亲友们提供补救措施的书籍，这本书给了你一个提前准备的机会——你可以做一些力所能及的事情减轻所爱之人的丧亲之痛。这就是本书的目

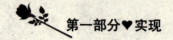

的所在。在你仍然能够有所作为的时候，在当下就做一些精彩、鼓舞人心的事情。请借此机会，在今天就实现这份告别的礼物，为你的所爱之人做一些特别的东西，他们对它的欣赏是你无法想象的。

第二章

情感财产的价值

不要为表达自己的情感而道歉。当你这么做了，你是在为自己的内心而道歉。

——本杰明·迪斯雷利，政治家

当创建爱的遗产这一想法第一次浮现时，怀疑的种子也随之深深地扎根于我的脑海中。我没有从母亲那继承这样一份爱的遗产，并且在当时我也不知道是否有人继承过爱的遗产。虽然我深信它能够减轻心理上和情感上的悲痛，但我并不确定那些与我一样拥有失去至亲的经历的人是不是也跟我一样有着这样的需求。我需要确保这确实能够帮助他们，确保我提出的这个想法是真实可行的，而不是弊大于利的。因此，除了案头研究，我针对下面这个问题进行了单独的调查：

倘若你的父母中有一人逝世了，你更倾向于继承他们的财富，还是得到一封充满他们对你的浓浓爱意的信？

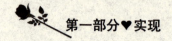

关于这个问题我询问了各行各业的人，并请求他们把这个问题传递给他们的家人和朋友。他们都热心地表示愿意帮助，于是我很快就收到了超过250个对这个问题的回复。他们分别来自欧洲、美国、加拿大、亚洲及澳洲，其中有商人、父母、儿童、专家、军人、医生、律师、家庭主妇、艺术家、音乐家和工程师——他们中大部分人已经拥有失去至亲的经历。

为何意味深长的话语比金钱更重要

发现自己并不孤独对我来说是一种解脱。超过90%的调查者表示，希望继承一些书写下来可以保存的话语。有极少数人说不会选择继承一封信，其中一个女人玩笑似地说道，如果有机会可以继承一座法国南部的城堡，她会义无反顾地选择继承这个（总有这样的人存在！）。她应该没看过《舞动人生》这部电影——这部电影讲述的就是离去的人留下的一段简单的话对于活着的家人来说意义重大。《舞动人生》讲述了一名在20世纪80年代初煤矿工人大罢工期间成长于英格兰北部的少年比利的故事。面对母亲的离世，他挣扎着接受这一现实，带着丧母之痛帮助父亲处理丧偶之痛和失业的双重打击。比利并不知道，他的母亲在去世之前给他留下了一封信，托人在他18岁生日的时候给他。出于对比利的担忧，比利的祖母提前把这份礼物交到比利手中，希望能够让他尽快从痛苦中恢复过来。比利11岁的时候收到了母亲的这封信：

第二章　情感财产的价值

致我的儿子比利：

我想我对你来说已经是一个遥远的记忆，但这并不是什么坏事。我不在你身边的日子会很长很长，我错过了看见你成长的机会，错过了看你哭、看你笑、看你愤怒的机会，我错过了教育你的机会。但请你记住，无论如何，我都在你身边。我很骄傲能够与你相遇，很骄傲能够拥有你作为我的儿子。

做你自己，我永远爱你。

妈妈

这些关爱鼓励的话语对小比利有着积极的影响。从母亲的这封信中得到的支持和赞赏似乎赋予了他力量，去冲破文化障碍和家庭障碍，勇敢地追求他唯一的爱好——芭蕾。他与他的舞蹈老师威尔金森夫人分享这封珍贵的信，她十分器重比利。威尔金森夫人被这封信深深地打动，决定帮助比利开发他的芭蕾舞潜质，同时鼓励他做一件他做梦都想做的事——报考伦敦的"皇家芭蕾学校"，在那里比利最终成了一名真正的舞蹈演员。

比利的母亲并不是世界上唯一一位知道这样一段意味深长的话语对孩子产生的积极影响的母亲。我的大部分调查者都表示他们非常渴望一份来自父母的爱的遗产，在这份爱的遗产中保存着父母的关爱，这样在父母离开的情况下，他们可以反复回味这些特殊的关爱。然而，通常我们不被鼓励这么做。一般情况下，帮助我们为那个"假如"做准备的律师和财务顾问，会建议我们写一份记录如何

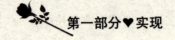

分配我们的金融财产的遗嘱。

这一点十分重要，因为假如最坏的情况发生了而你没有采取这个建议留下一份遗嘱，那么你的金融财产将被视为"无遗嘱的"，这就意味着，遗嘱认证法院将委任一名管理员，根据国家法律对你的财产进行分配。总体上来说法律是很公平的，你的财产最终将被分配给你的配偶、子女或近亲。遗嘱认证是一个漫长的过程，可以持续几个月，甚至几年。在这段时间内你的家人将无法使用你的遗产，这可能会给他们带来一些不必要的压力，尤其是当他们在此期间遭遇经济危机时。更糟糕的是，你的金融遗产需要支付的税率会比一般税率要高得多。

撰写遗嘱是为那个"假如"的发生所做的必要准备之一，但这只是从实用性的角度保护你的亲人。金融遗产并不是你的全部财产，人们往往忽视了情感遗产中存在的巨大价值。虽然大家普遍认为金钱和物质财富最重要，但当亲人离去时，金融遗产的价值将迅速贬值。房子、钞票、公司或汽车可能是重要遗产，但实际上，对于活着的人来说，没有了亲人的关爱，这些东西将不再重要。

最重要的遗产

在研究过程中我发现，情感遗产是活着的亲人们最想得到的遗产。一项标志性的研究发现，大多数人认为非金融遗产比金融方面的遗产重要得多。这项由美国安联人寿保险公司和时代浪潮（Age Wave）委托进行的安联遗产研究，目的在于研究2670名婴

第二章　情感财产的价值

儿潮一代（1946年和1964年之间出生的人）以及他们年迈的父母在实际生活中对遗产的偏好。时代浪潮的董事长肯·戴奇沃迪说道："许多人误以为家庭中最重要的遗产问题是金钱和财富的继承，其实不然。"他接着说："这个全国性的调查发现，绝大多数的遗产继承都与更深层次的情感问题相关。遗产继承首先是金钱的继承，但真正的遗产还包括你的一生中给孩子带来的记忆、教育和价值观。"

这项研究是整个研究的关键部分，它提供了确凿的证据证明，除了传统的金融遗产，实际上人们更需要一份情感的遗产。虽然我个人进行的研究规模较小，但我已经获得了人们对于非金融遗产的具体偏好。许多采访者说他们希望继承一件纪念品，保持他们与离去的爱人之间的回忆。有的人表示如果能有一份在特殊的日子如圣诞节或生日打开的礼物，会很有帮助。有一个叫做马修的30岁男子，说他想继承他父亲在观看足球比赛时穿的那件足球衫。马修认为这件足球衫能让他想起那天的快乐时光，让他想起那场比赛中父亲自然流露出的幽默气息。一位名叫苏茜的老妇人写信说道，如果她能选择继承一件东西，她会选择母亲的围裙，因为这让她想起一家人一起做饭的快乐情景。莎拉是一个年轻的姑娘，她希望继承她的妈妈自她出生以来每年写的日记，因为这些日记里装着母亲一生和她自己的故事和秘密。马修、苏茜和莎拉想要的东西其实非常普通。虽然这些日常用品看起来似乎没有什么价值，但当你失去至爱的时候，这些看似无关紧要的东西就成了无价之宝。

尽管有确凿的证据证实人们对于这种情感资产的普遍渴望，但

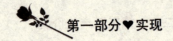

我仅仅遇到为数不多的几个人收到了或考虑到了为亲人创建这样一份充满爱的遗产。然而，我们现在似乎更倾向于在离开的时候留下我们的精神财产而非我们的物质财产。一位名叫利泽特·阿尔瓦雷斯的记者在2005年《纽约时报》的一篇文章《充满爱和指引的告别》中表达了她观察到的这一趋势："抱着身在天堂也想养育孩子的希望以及减轻过早离世给孩子带来的恐惧，小部分但数量正在增多的身患绝症的父母，正忍着离别的不舍为孩子留下更多实实在在的寄托之物：录音带、录像带、信件、卡片或礼物。透过这些遗产，孩子们可以时常重温与父母的记忆，并把它们当作指引前进方向的指明灯。磁带里承载着的是关于爱的回忆：女儿在上幼儿园第一天穿的裙子、洋基球场的一次惊险经历、令儿子紧张的首次钢琴独奏会。那些信件里装满了父母亲的人生经历、他们对子女的期望以及他们希望子女学习的人生感悟。有些父母会选择为子女准备未来的圣诞节礼物或生日贺卡。一位母亲制作了一份磁带，如果那个"假如"发生了，就托人在儿子的大婚之日给他。一位父亲在他的画作背后隐藏了一些纸条，他的孩子在悲痛中度过了一年后才发现这个惊喜。通过这些事情，即将离去的父母可以给孩子留下勇气、笑声、一个陪伴的假象，甚至一盏指明灯。这些纪念品能够帮助孩子摆脱死亡带来的恐惧，告诉他们爸爸妈妈对生活的感悟……"

当我第一次读到这篇文章的时候，我的第一反应是开心。

"这太棒了！"我心里想着，"人们在这么做，这是好趋势。"但随后我又疑惑："为什么母亲没有这么做？"她积极主动、富有想象力、思想开明、慈爱、对我们关怀备至。她有着一切可以为我们留下一份爱的遗产的特征。深思熟虑后，我得出的结论是，原因很复杂。妈妈没有意识到情感遗产及其内在价值会对她的孩子产生的积极影响。没有人告诉她精神遗产的重要性，没有任何书籍或文章描述过这样一份遗产的积极意义。我想母亲肯定曾经试图向我们分享她的故事，或写一封充满关爱的信，但我能够理解当她知道"这一天"即将到来时是多么的害怕，这就是她没有这么做的原因。据纽约纪念斯隆·凯特林癌症中心的首席精神病医生威廉·布赖特巴特所言，这种情况很常见。阿尔瓦雷斯利泽特也在他在《纽约时报》所发表的那篇文章中谈到这一点，他解释说："为孩子们留下点什么是意义重大的，但却很少有父母这么做。几乎所有人都曾想过要这么做，但却总是延误或推迟。我认为要做到这一点是十分困难的，因为它需要你去对抗死亡，去承认，去真正地承认你即将离去的事实，这对大多数人来说是非常难做到的。人们需要在希望和绝望之间挣扎。这样一个意义重大的、最后的遗言，理应是完美的。"

保持联系

这世上并不存在什么完美的遗言，也并不存在一个创建爱的遗产的通用法则。爱的遗产的大概主题我已经提到过了——人生经历、价值观、回忆、人生指导和鼓励——这些对于失去亲人的生者，尤其是年幼的儿童来说都有着莫大的积极意义。这包括你的侄

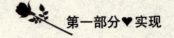

女、侄子、孙子和孙女，他们将会从你的智慧中受益匪浅，在主要的生活问题上获得帮助，如宗教、人际关系、成长、性行为、事业、教育和爱。电影《我的一生》就很好地阐述了这一点。这部20世纪90年代初的影片描述一对快乐的已婚夫妇鲍勃和盖尔，正期待着他们第一个孩子的到来。但可悲的是，他们发现鲍勃患有癌症，可能只有4个月的生命了。因此他们必须面对鲍勃可能无法看见儿子出生这一事实。了解了这一事实后，鲍勃决定制作一部讲述自己的一生的电影，以告诉儿子作为一名父亲应该教给他的一切。

他首先分享了一些关于他的身世的细节，他拍摄了一些家庭纪念品（包括他自己婴儿时期的照片）、一幅他的婴儿脚印绘画和家人的照片。然后他采访了一些知道自己的故事和了解自己为人的朋友和同事。随后鲍勃开始自己讲述自己作为一名男人的所有重要方面——煮意大利面、打篮球、刮胡子、进入房间、友善地握手和启动汽车！最后，为了创造一个父亲与儿子聊天的场景，鲍勃面对着相机与他的儿子讨论性和音乐，他说："你的妈妈在这方面可帮不上什么忙。有些事只能男人与男人进行交谈。"然后鲍勃讲述了他和盖尔是怎么相遇并坠入爱河的，他还提到也许未来的某一天盖尔可能会遇到另一个人，甚至可能再婚。总的来说，鲍勃在他的这份告别的礼物中，关于这个问题无私地提出了一些意见。他温柔地告诉他的儿子，这可能会让他感到非常愤怒，或者倘若他喜欢上这个新的父亲，他很可能会感觉儿子不够忠诚。但在这个敏感的话题上，鲍勃告诉他的儿子："我不会吃醋。我会很高兴盖尔能够遇到另一个爱她的男人。我永远是你真正的父亲，我会一直陪伴着你。我爱你。"这部电影一直被保存在一个安全的地方，直到他的儿子长大后，盖尔才可以把这份珍贵的礼物给他。

电影《情深到来生》展示了准备自己的情感财产并在爱的遗产中分享这些财产其实并不需要什么想象力。这部影片还涉及一些你活着的家人可能会遇到的问题，并且为如何在爱人、配偶、父母的身份"被取代"的情况下调整自己的心态方面，给出了一个很好的例子。虽然这可能会让你感觉相当不舒服，但重要的是，你必须意识到这些问题会给你活着的家人带来影响。你要知道，通过记录你对这些问题的想法和意见，可以提前解决这些问题，让活着的家人在他们未来的生活中不再有顾虑。但是你也需要记住，你在爱的遗产中所说的也可能会对活着的家人产生消极的影响——尤其是孩子——记住，爱的遗产不应该成为你在天堂给他们施加的负担！

奖励：你获得内心的平静

当你开始着手创建一份属于你的爱的遗产时，你会很快发现心理治疗师一直支持留下一份富有意义的爱的遗产这一想法的原因所在。研究表明，当患者通过我们俗称的"心灵遗嘱"或"尊严疗法"分享他们的情感，或留下意义重大的物品时，这对他们的心理和精神健康都会大有帮助。近年来这些概念在社会上引起了很大的兴趣和肯定，一项国际性的临床调查对"尊严疗法"进行

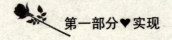

了研究。这项研究由加拿大马尼托巴省姑息治疗研究组（Manitoba Palliative Care Research Unit）组长哈维博士领导，由治疗师对100名生命即将终止的病人进行采访：

"告诉我一点你的人生经历，尤其那些你记忆最深刻的或最重要的部分。"

这些涉及情感深处的谈话被记录下来以获取信息，这样就可以在日后与患者的家人和朋友分享这些记录。治疗师鼓励受访的患者寻找一种合适的告别方式，向所爱之人传达他们的真实情感。一名36岁患有乳腺癌的女士说道："我很高兴能参加这个项目。它整理了我脑海中那些混乱的情绪，帮助我梳理我的回忆、想法和感情。最重要的是我能够为我的丈夫、孩子、我所有的家人和朋友留下最'本质'的自己。"这项研究的结果被发表在《临床肿瘤学》杂志中，它向病人及其家属展示了尊严治疗的显著作用：

91%的参与者对"尊严疗法"表示满意；
81%的参与者认为这对他们的家庭有所帮助；
67%的参与者认为这赋予了他们生命的意义。

乔奇诺博士说，"尊严疗法"能够显著地减少将死之人的痛苦并缓和他们的抑郁情绪。"值得注意的是，那些相信这个疗法能够或者可能为家人带来帮助的病人，往往意图和目的性更强，这同时能够减轻他们的痛苦。对于那些临终的病人来说，保护留下的亲人的身心健康带来的积极效果还在于他们本身的生命似乎也有所延长。"然而，即使有这样一份研究证明心灵遗产的积极性，创建一份爱的遗产这一想法听起来似乎还是十分可怕。据道奇创伤儿童和家庭中心的主任唐娜博士所言，这是因为："在这个绝大多数人否定死亡的社会中，我们的文化告诉我们应'往前走'而非'缅怀过去'。人们只是不知道该如何做到这一点而已。"

这对大家来说仍是一个相对较新的概念，因此在这个阶段感到不确定和有点害怕是正常的。无论你是身体健康，还是正在面临死亡（只剩最后一段生命），准备一份属于你的爱的遗产可能会有一点挑战性。我可以想象得到，比利的母亲在写下那封充满爱的信时流下了不少眼泪，相信你也会。准备你的情感遗产自然也需要勇气、决心和一定的想象力。但是请记住，你的这份爱的礼物能为你自己、你的亲人、他们的家庭和未来的子孙带来许多好处。他们依赖着你，希望你在他们苦难的时候给予帮助，希望你留下一个念想告诉他们你是谁、你对他们的关爱有多少。你可能会觉得这个准备的过程有点困难，但请不要放弃，不要让你的亲人感到沮丧。没有人知道那一天什么时候会到来，所以请抓住机会实现这份告别的礼物，相信帕布罗·毕加索的话："如果选择推迟到明天，那我宁愿不做。"

第三章

与悲痛交手

保佑那些悲痛的人，因为他们需要安慰。

——马修

你可能会想，如果我的情感遗产这么有价值，那为什么从没有听说过它们，为什么不是每个人都能拥有它们？关于为何大多数人都没有留下非金融遗产这个问题，其实这背后的原因有很多。这些原因来自于变化——文化上、职业上和历史上，在过去的一个世纪中，对死亡和丧亲之痛的态度的变化。总的来说，这些态度的转变导致了了我们对"死"这个字眼的否定，这阻止我们与悲痛交手。

在以前，继承非金融遗产是一种十分普遍的现象。这是因为大家普遍认为，为了留下的家人能更好地度过余生，逝者留下礼物可以保持与生者之间的联系。人们自然地认为任何东西（有些拥有传统或宗教含义）都可以作为遗产的一部分而留下。维多利亚时代的人在逝世时会留下装有头发的盒式项链坠，活着的家人通常会把它作为首饰戴在脖子上；南美的部落中的人则会留下骨头让活着的家

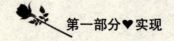

人穿在他们的头发上！

盲目地"往前走"

这些传统在20世纪初开始改变。随着科学与医学的进步，人们对很多事情的态度开始发生改变，这其中包括对死亡的看法。世间的一切被冠上了合理化的头衔。随着医疗技术的进步，人们的寿命正越来越长，人们开始要求给每个死亡一个合适的理由。这意味着死亡——在过去是一个自然的、不可避免的经历，突然被认为是现代医学的失败。

人们的行为和信仰改变了，从渴望与死者保持联系到对亲人的逝世感到恐惧甚至逃避。在普通人中，在他们的心理层面上，他们也开始认为活着的人不应该与逝去的爱人保持某种联系。治疗师称，这将促进人们对来世的幻想，不利于伤痛的愈合，让病人失去前进的动力。由于心理学家、精神科医生和顾问们不断鼓励人们往前走，导致人们更倾向于选择遗忘而不是铭记。你可以在所爱之人离去的时候亲自感受一下这个口头禅的魔力。在你经历了这样一场悲剧后，你可能会被劝说："别哭了，这只会让大家都难过。"或者被告知："不要担心，很快会好起来的。"抑或是一段时间过后，有人可能会告诉你一些向前走的经典论调，例如："已经一年了，你也应该忘记了。"或"来吧，就在今晚，走出阴影向前走。"或者他们也会十分无情地说："难道你一定要总是谈论他或她吗？他们再也不会回来了，你是知道的。"

第三章　与悲痛交手

尽管上述言论看起来有点匪夷所思，可悲的是，它们并不罕见。试想一下，当在失去那个在过去的20年、30年，甚至60年里给予你快乐的人时，那个你与之分享经历、笑容、隐私、观点，甚至你内心深处最黑暗的秘密的人时，听到这样的言论，你会作何感想？想必被催促"快一点""快点向前"或"向前走"的感觉一定不好受，因为这似乎像是在追赶一辆繁忙运输的火车而你跑得太慢了。然而不幸的是，这就是"向前走"这句口头禅对社会的影响，并且可悲的是，它的影响已经超出了心理层面。试图忘却离开之人的一切这一想法在我看来似乎有点奇怪，尤其在活着的亲人想要记住每一个小细节，记住这个重要之人的最后点滴时。现在流行的这个口头禅的问题在于，悲痛从不会告诉别人它什么时候来，什么时候走，它不像那班9：05分驶进中央车站的火车。但是，我想当你看看我们这个快节奏不断变化的世界，你不会感觉惊讶：像回忆过去这样平静而耗时的行为已经落伍了。但是我可以告诉你，这种"忘了它"的做法不但令人费解也是不健康的，它忽略了失去至亲的生者的真正需求。这中普遍接受"往前走"这个口头禅的现象实际上是非常有害的，它会给活着的人带来许多深深的伤害。

我这么说是因为我为许多失去至亲的人做过心理辅导，他们由于受到"往前走"这句口头禅的影响，把自己的感情深深地埋在心中。因此，他们遭受了很多不必要的痛苦和折磨。这并不难看出来。他们通常拥有一些非常明显的症状：他们心里的弦绷得紧紧的，从不谈论那个他或她；他们情绪压抑，在他们努力克制的情感

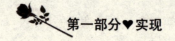

爆发时无法表达出自己的感受，因为他们害怕一切变得混乱。压抑自己的感情带来的紧张感往往让他们变得烦躁、疲惫，从而处于一种筋疲力尽的状态。他们中很少有人能幸免于此。这种压抑情感引起的情感毒素会给失去至亲的人的身心带来极大的伤害。

我可以很轻易地辨认出这些人，因为我也曾经遭受过这样的折磨。我知道，尽管心理辅导员、朋友和家人都已经劝他们往前走，忘记已经离开的至亲，但他们仍然暗地里希望与能够理解他们的人分享悲伤，或是进行交谈。这就是为什么，每当我鼓励他们，说"铭记是好事"的时候，他们总会流下两行眼泪，然后我看到痛苦被冲走了。对许多人来说，这是他们第一次感受到拥有关于母亲、父亲、兄弟或姐妹的回忆确实是好事。

对于我，"往前走"这句口头禅是在母亲去世几个月后开始对我施加影响的。在她刚刚离去的那段日子里（那时回忆过去还是被接受的），我与家人和朋友坐在一起，开心地一起回忆与母亲度过的那些美好、有趣的难忘时光。在最初的几个月中，总是不断地有好心的祝福者、充满关心的卡片和电话。甚至当我回到大学继续我的学业时，我的大多数好朋友都支持我去缅怀母亲。但几个星期后，一切变得有点不同。人们开始打电话来说："你应该停止悲伤，出来玩乐一下。"还有人建议："好好对待学业，那关乎你的未来，是目前最重要的事情。"这些业余心理学家认为他们知道什么是最好的，但他们错了。我甚至还没有做好面对失去母亲这个事实的心理准备。实际上，失去母亲的悲痛才刚刚开始。我正处于十分困惑的状态，这可以从我那时写的日记看出来：

　　我不知道昨晚是什么时候睡着的，我想应该是在呜咽中吧。今天早上的时候我感觉很崩溃。哭了好几个小时，我的体力已经耗尽了，虽然睡了12个小时，但还是感觉很疲惫。这种疼痛实在难以承受，我不知道还有什么痛能比这个更难受。我也不知道从此我是否还能再快乐和正常起来。

　　我的需要和别人的想法之间的矛盾随着时间的推移变得越来越激化。每当我试图向大家述说我的感受，他们就开始沉默、打开电视，或者转换话题。有些人不再给我打电话，而有些人甚至在我走在路上的时候假装没有注意到我，这是最让我害怕的情景。还有些人甚至走到街道的另一边以避开与我相遇！但事情还远不止如此。有一次我去拜访一个好朋友，我注意到他们不再自豪地向我展示那些有关母亲的照片。这一切看起来都很奇怪。我无法理解为什么人们表现得似乎母亲从来没有存在过。当时我还年轻，虽然对这种现象感到困惑和不解，但我不知道自己还能做些什么，因此我开始去适应。我没有意识到实际上这些人是感到害怕、尴尬，他们不知道该说些什么。我不知道他们已经被"往前走"这一哲理洗脑，因此我按着人们希望的那样，把自己的真实情感隐藏了起来。

你希望他们避免走入的"裂缝"

　　我开始伪装，让自己看起来一切都很好，这让我感到筋疲力尽。我和母亲，这个伟大的女人，有着这么多美好的回忆、故事

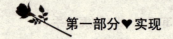

和瞬间，但我却不能提起这些美好，于是我选择隐藏。当然，这让我感觉比以前更加孤单、疏远和被忽视。没有人与我分享我的悲痛，我无处可去，除了我的日记本。这似乎是唯一安全的地方，唯一可以表达我的痛苦的秘密世界：

今天我坐在课室的后面，我想避开所有人的目光。自从我回来以后，他们都对我不一样了，他们看我的眼神很奇怪，当我经过的时候他们会停止对话。课上到一半的时候，失去母亲的悲痛再次袭来。苦涩的泪水浸满了我的眼睛，痛苦淹没了我的心脏。我想大叫。但我不能，在他们面前不能。

我花尽了所有的力气，终于把痛苦压了回去，强忍住泪水，盯着地板。我不记得老师都说了些什么，但重要的是，我一直压抑着自己直到下课。

在约翰·W.詹姆斯和罗素·弗里德曼的一本绝佳的书——《悲痛恢复手册》中，他们把这形容为"奥斯卡奖行为"。这是过分注重"往前走"带来的典型后果，失去至亲的人在强烈的悲痛中假装他们已经走出悲痛了。当被问及他们的感受时，这些失去至亲的人往往说一些掩饰真实情感的话，比如"我很好"或"不要担心我，该担心的人是我爸"。他们这样做是为了不让自己的悲伤给别人带来负担，为了不被批评或评论，不让他们死死压抑的那些可怕的情绪流露出来。

但不幸的是，这个"奥斯卡奖行为"只会加深幸存者的痛苦和孤立感。这种将情绪合理化或抑制情感的习惯是危险的，并且如果加以鼓励，这可能会带来严重的情绪、身体和精神损害，让失去至亲的人陷入我说的"裂缝"，或俗称的"悲痛危险区域"中。

显然，我们都不希望这种情况发生在活着的亲人身上。因此你必须懂得你的亲人如何才能从悲痛中健康地复苏过来。与其让他们被"往前走"这句口头禅牵着鼻子走，倒不如你去帮助他们，保持与他们之间的联系，告诉他们怎么表达、释放自己的情感，这样他们就可以避免走入危险区域。通过创建一份属于关于你的爱的遗产，活着的亲人得到了对抗悲痛的良方，通过回忆过去的美好、激起快乐的情绪，他们能够更加积极地走出悲痛。拥有这份永恒的纽带，他们能够在不知不觉中克服自己的悲伤，丧亲之痛逐渐得到缓解。

对我而言，我花了很长的时间去接受母亲的离去。一部分原因在于我没有接受任何来自医疗保健专业人员的精神指导，这让我面对母亲的离开手足无措，还有部分原因在于我并不知道可以向他人寻求帮助，因此我除了保持沉默就是坚持保持沉默。我有许多"奥斯卡奖行为"，让人们以为我表现得很好。说真的，我只是埋头于工作，压抑着我的悲伤情绪，假装一切都很好罢了。我控制着自己的情绪，让它们隐藏在我的身体和内心深处。母亲的离去在我的心口留下了一个洞——一道裂口。我封锁了对于这个在我过去的21年及11个月光阴中扮演中心角色的女人的一切想念。这让我特别难受、不自然，现在我意识到，这其实完全没有必要。由于长期的压抑，我变得紧张兮兮、急躁、筋疲力尽。为了让自己对这种

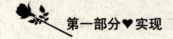

疼痛感到麻木，我找到一些方法去填满这道裂口，如服用药品、购物和结交酒肉朋友——这似乎挺奏效的。大家都开始祝贺我"真棒，你看起来适应得很好""看吧，你往前走得真快"。我想有些时候我甚至真的把自己给骗了，我的伪装只有在那些我把布满泪痕的脸埋在我男友舒服的臂弯的夜晚，才会被泪水冲掉。现在，在处理悲伤方面我有了一些自己的小技巧。我明白这些小技巧并不能化解我的悲痛，让我从丧亲之痛中恢复过来。更重要的是，我非常肯定"往前走"这一方法并不奏效。它只会鼓励人们断绝联系、否定亲人的离开这一既定事实，促使人们做出伤害性更大的行为——这些都是警告标志，有经验的人能够很容易判断出这很危险。

我在这种状态下生活了接近两年，随着所有幻想、泡沫的最终破灭，我崩溃了。我的家人对我感到十分担忧，带我去看了心理咨询师。一直带着伪装的面具生活，我感到疲惫不堪，于是很愉快地顺从了。在每周长达1个小时的交谈中，我很少被问及母亲的事情，除了她是什么时候、怎么离去这个问题。相反，心理咨询师建议我将所有有关母亲的记忆从脑海中删除，把挂在墙上的合照拿走、把信撕毁、把母亲的东西全部清除，并专注于未来——"我将如何结交新的朋友、创造新的人生和职业生涯？"每一次的电话都是如此。他们希望我尽量向咨询师倾诉。有的时候当我没什么可说的时候，我们就安静地坐着，面无表情地盯着对方。这让我无法理解为什么我要提前下班，跨过半个伦敦来到这里只是为了和咨询师安静地坐着，或者记录下我取得了哪些明显进步（或是我缺乏哪些努力）。这让我觉得自己就像一个提线木偶，我进入了一种更加抑郁的状态！

丧亲之痛的标记

"往前走"这句口头禅再一次压得我喘不过气来。我真正想要的是向别人诉说对母亲的想念，告诉他们我渴望拥有一个可以存放母亲的爱的寄托，告诉他们没有母亲的日子有多么难熬。6个月后，事情没有得到任何改善，于是我决定放弃这种安静的心理辅导，转而求助于"百忧解"。显然用这种抗抑郁药和软性毒品来自我疗伤并不是最好的解决办法。但它似乎很奏效，虽然只是暂时的。我在大学的最后一年中一直依赖它，并且出色地毕业了——我承认这是我食用药物、让自己埋头于工作带来的唯一益处。

然后，是时候离开安全的大学校园、我的好朋友和我的男朋友那厚实的臂弯了。这是我失去母亲后遇到的第一个人生转折点，它本应该是一段令人兴奋的新旅程的开始，但我却很畏惧。母亲不在，她无法在我的这个人生的新阶段给予我任何建议。她无法向我分享她的智慧，给予我鼓励和信念——我正需要这些鼓励和信念，它们能够给我充足的信心让我相信自己一定能够成功。我渴望母亲能够为我留下一些指引，一份"如何做"的指示，或者一封信，一封写着鼓励的话语的信："亲爱的，没关系，要记住我永远相信你。"我开始真正地意识到，第一次意识到母亲不会再与我分享我的努力或成功，她不会看着她的女儿成长为一个女人、妻子，并最终成为一名母亲。她再也无法给我支持，引导我，或为我指明

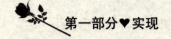

方向。我彻底地感到迷惘和孤独，在意识到这些后，我掉入了"裂缝"中。

我究竟该怎么做呢？我知道我不能再这样把自己的感情都锁起来，被压抑已久的悲痛压得我喘不过气来。尽管找到了一份工作，我的生活仍然一团糟。我总是试图找什么取代母亲的爱，在大部分情况下我会把注意力转移到一些陌生人身上。虽然已经戒掉了"百忧解"，但我酗酒、吃药、埋首于工作以逃避失去母亲的悲痛。一开始，我每天疯狂地工作并赢得了许多赞美，但随着时间的推移，我开始挣扎——每天我必须强迫自己起床，而且我经常上班迟到。我每天都忙忙碌碌却感觉一切都不真实，只能勉强地度过。看来我在伪装自己很好这方面的天赋让我掉入了一个黑洞中，而我似乎找不到出路。

读到现在，相信你们能够很明显地看出，虽然我一直在试图"往前走"，但我却一直在原地打转。最终我决定主动改变自己，这是唯一的出路。我不再吃药，相反开始进行自我教育；我阅读并留神听一切我能找到的关于悲伤和丧亲之痛的资料。然而，所有的建议都鼓励我往前走出阴霾，但我知道这种做法并不能帮助我从悲痛中健康地恢复过来。因此，我花了一些时间进行反思。我的第一次顿悟是，我发现悲伤与丧亲之痛尽管通常被认为是一样的，但实际上它们是两种完全不同的经历。

丧亲之痛总是伴随着悲伤，但悲伤时不一定有丧亲之痛。这是因为悲伤是对于环境的骤变，或失去某些事物而产生的一种暂时的情感，而丧亲之痛是永久的。实际上悲伤是每当我们所处的环境发生变化时，必然会经历的一种常规情感。但是，悲痛的严重程度，以及由此带来的对我们心理、情感和身体健康的影响，是根据环境的变化程度，以及我们对变化前的事物的感情深浅而有所不同的。例如，如果我们的钱包被偷了，很自然地我们会感到一种失落感，但这种失落感可能只会持续几个小时或者几天。如果我们搬家了，或因火灾、水灾、离婚失去了家庭，由此产生的悲痛将持续较长时间。我们需要时间重新建立熟悉感和安全感，适应一个新的地方和一种新的生活方式。在这个悲伤的时期，我们可能有各种莫名的情感，如愤怒、悲伤、冷漠或抑郁。不可避免地，我们会怀念或向往以前的生活，但是因为我们失去的这些东西都是可以替换的，因此这种悲伤的情绪往往会随着我们对新环境的逐渐适应，并开始拥有新的经历和回忆而渐渐散去。而丧亲之痛的情况却并非如此。

丧亲之痛不是暂时的。失去一个活生生的、爱笑的、亲爱的人或动物带来的伤痛是永久的。没有人能取代我们失去了的那个人或宠物。尤其是当"这一天"来得毫无预兆时，或没来得及说再见时，这种伤痛尤其难以接受。在早期阶段，失去至爱的人们通常会发现他们的情绪起伏如同过山车一般，一会儿"正常"一会儿"崩溃"，有的时候在短短的一个小时内就会发生这样的情绪波动。在他们的世界中一切都变了，他们的日常生活变得一团糟。每个人经历的丧亲之痛都是不同的，这与他们的亲人是如何离去的、他们的年龄和身体状态、他们与离去亲人的关系有关。并且由于丧亲之痛涉及亲人的死亡，即使悲痛的感觉会逐渐退去，但失去

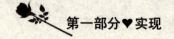

了某个重要的人的感觉及其带来的影响会一直持续。有的人可能从来没有经历过这样一件改变生活的大事，而有的人却可能需要多年的时间才能释怀爱人的离去。丧亲之痛是无止境的，它会成为身体的一部分，让你在人群中被贴上不受欢迎的标签。

对于悲伤和丧亲之痛的整体理解来自于瑞士精神病学家伊丽莎白·库伯勒·罗斯博士的作品。在20世纪60年代，库伯勒·罗斯博士采访了已在芝加哥比林斯医院确诊患有绝症的病人。通过记录他们对于这个不幸的消息所作出的一些情绪上的反应，她发现他们的反应存在一些共性，因此她将悲伤分为五个阶段：否认、愤怒、谈判、抑郁和接受。由于当时几乎没有其他关于悲伤或丧亲之痛的研究，这项研究成了阐述悲伤的五个阶段的模型，并很快被心理学家、咨询师、护士、神职人员和护理人员采用，以向人们解释悲伤并帮助他们"完成"他们的悲伤。一直到20世纪80年代出现了更加全面的对悲伤带来的影响的研究，人们才发现这个悲伤五阶段模型并不适用于经历丧亲之痛的人们。

用不断的纽带连接你我

库伯勒·罗斯博士的这一开创性研究引发了人们对这一课题的关注，在此之前没有人注意到这方面。然而，这个模型不仅被应用于绝症患者，也被应用于承受丧亲之痛的人，这引发了混乱，也许就是这个模型为带来巨大伤害的"往前走"模型的成长埋下了种子。幸运的是在20世纪90年代初，关于丧亲之痛的体验出现了

第三章　与悲痛交手

一种新的概念，它对人们在此以前一直深信不疑的"往前走"的观念发出了挑战。22位作家（他们在各自领域中都深受爱戴）联合进行了一项更为广泛的研究，他们得出的结论是当前流行的这个"往前走"模型不仅破坏了死者家属与死者的联系，也对他们的心灵和身体造成了伤害——关于这些死者家属们都深有体会。

《不断的纽带》这本书向读者展示了这些发现：对于悲伤的新的认识表明，尽管家人、朋友和心理咨询师都反对这么做，但失去亲人的人仍旧希望与逝去的亲人保持联系或维持不断的纽带。这并不是什么拒绝生活态度或某种病态的心理——人们通常这样认为，这种持续的联系能够为失去亲人的人带来极大的安慰和鼓励，帮助他们从悲痛中更好地、更自然地走出来。引入这个概念后，丧亲之痛关怀和心理咨询机构开始认识到，他们需要一个更全面的关于丧亲之痛的模型。凯莱·霍斯利博士是一位著名的家庭治疗师，同时也是美国领先的悲痛鼓励组织——"富有同情心的朋友"的全国委员会委员。她是不断的纽带的热心倡导者。她的儿子斯科特年仅17岁就在一次车祸中离开了她，因此她对此感受颇深。

凯莱·霍斯利博士的女儿海蒂·霍斯利博士是广播节目"医治美国悲痛的心"的主持人，同时她还作为美国哥伦比亚大学社会工作学院的兼职教授教授了几门关于悲伤和失去的课程。凯莱·霍斯利博士与女儿一起，表达了即使每个人都劝她们"安心放手"，但她们仍然渴望能与斯科特保持不断的联系。"很多好心人告诉我们，我们最终还是会'继续生活''忘却斯科特''找到悲伤的终点'。这些观念还没有得到确认，因此在我们看来毫无意义。我们

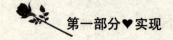

不希望'忘却'斯科特。'忘却'他感觉像是我们把他从我们的生活中抹去。斯科特是我们唯一的儿子和弟弟，我们不想抹除他与我们的关系。否认他就等于否认了我们自己的一个重要组成部分。没错，虽然时隔多年，失去斯科特的痛苦已大幅减轻，但我们之间的联系仍然紧密。"

值得庆幸的是，人们在悲伤和丧亲之痛方面受到的教育、指示和忠告正在发生重大转变。凯莱·霍斯利博士说："同以往的切断关系不同，我们现在获得了批准，甚至得到了鼓励，与离去的亲人保持某种情感联系。但尽管如此，许多人还是必须靠自己走出悲痛。我经历了整整十载痛苦的岁月，才意识到一直以来我的直觉告诉我的其实正是能够帮助我从悲痛中更健康地走出来的方式。直到妈妈去世十周年的时候，我才发觉十年的时间太长了，我决定追随我的直觉，开始新的生活。我不再像往常一样伪装自己的情绪，我开始尝试与朋友分享有关母亲的回忆，与家人一起追忆那些和母亲一起度过的光阴。起初这做起来并不容易，因为我要做的与我在过去的10年中努力学习的事完全相反。值得庆幸的是，母亲现在很好地被呈现在我的生命中。她的照片被显眼地挂在我的床边，我喜欢与别人分享我和母亲之间的故事。这并不是一朝一夕就能做到的，这是一个缓慢的、令人痛心的过程。在这个过程中，那些我曾经努力隐埋的纽带慢慢得到恢复。"可以肯定的是，这种痛苦远远没有被劝说"切断所有联系"和"往前走"带来的痛苦强烈。

我希望从现在开始，你能够意识到你所创建的爱的遗产对活着的亲人的重要性，以及这份遗产是如何防止他们免受"往前走"这句咒语的影响的。当你给他们留下了这条不断的纽带——你的人生经历、价值观或道德标准，以及你向他们表达的爱——你就把自己以及与自己有关的回忆和他们联系在了一起，这将在他们悲伤的时候为他们带来慰藉。

第四章

别提"死"这个字眼!

死亡只是看起来吓人,当它揭下面具时其实并不恐怖。

——奥利弗·艾德史密斯,编剧

试着想象一下最坏的情况发生了。你站在通往天堂的大门前,却不能进去。你看着脚下发生的情景:你的亲人坐在你的床边,悲痛欲绝、崩溃绝望、两手空空。读了这本书后,你开始思考:"哇!爱的遗产真是一个好主意。我可以为我的家人做一些事,以缓解他们的悲痛。这真的非常重要,我必须在这个周末就找个时间开始创建这份爱的遗产。"但可惜的是你以前从来没有这样做过。现在你只能看着你的亲人饱受痛苦和折磨,却无能为力。你从没想过会发生这样的事情。你开始思考你究竟做错了什么?如果你当时采取了行动,只花短短的5分钟穿一下他们的鞋子,或者花几个小时与你的家人分享你那宝贵的情感遗产。你会慢慢发现,你需要做的其实很少——只需创建一份属于你的爱的遗产的一个方面,就能给你的亲人带来极大的帮助了。而现在你已经没有机会这

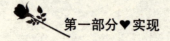

么做了。

如果你并没有被这个情景影响，那么请停止阅读这本书。但是如果这段话让你思绪联翩，或是拨动了你内心深处的那根弦，那么我想你是一个愿意给予别人很多爱的人。除非有什么东西在阻止你这么做。最有可能的情况就是，你正在经历一种常见的疾病，也就是一种叫作"否认死亡"的病！这种病是你从天堂给予爱人帮助的一个主要障碍和绊脚石，它阻止你去采取行动为亲人创建一份属于你的爱的遗产。这就是为什么我们要在接下来的章节中对这种病进行深入了解，你会懂得如何发现这种病的症状并进行治疗，这样你就可以不受影响地创建爱的遗产，为留在人世的亲人的生活带来积极的影响。

诊断拒绝承认死亡的原因：是什么在阻止你？

在西方世界中，我们"不朽的灵魂"与肉体是完全分离的，并且不自觉地被"死"这个字眼迷惑着。我们生活在一个否认死亡、蔑视死亡的社会。当你在晚餐期间提到"它"，你的朋友就会迅速地把讨论的重心引向更加开胃的话题。除了那些在护理行业工作的人，"它"对大多数人来说仍然是一项禁忌。在通常情况下，"它"被认为是恐怖的、压抑的、迷信的和黑暗的，但私底下我们会发现它很有吸引力。我们注意到人们在经过一个交通事故现场时总是好奇地伸长脖子，或是聚精会神地听有关谋杀、枪击、恐怖主义行为、绑架和自然灾害的新闻。更别提我们每年花了成百上千的钱去观看有关屠杀无辜者的大型恐怖片。然而，这种好奇心似乎只有在死亡离我们尚有一段距离时才会发生。我们喜欢看是因为，"它"发生在他们身上，而不是我们身上。我们在安全的汽车、沙发或电影院座位上开心地欣赏死亡的魅力，但我们需要思考"它"发生在我们身上的时候会发生什么，需要探索这个"假如"的潜在影响，这是大多数人为了避免"它"的到来都会做的事情。

在各种因素的综合影响下，在面对死亡时我们像鸵鸟一样把头埋在沙子里。其首要因素就是那价值数亿美元的美容行业，它反复宣传"年轻就是力量"，使得我们开始拒绝变老。因此，我们情愿承受那高昂的价格和整形外科医生的手术刀片，或接受无数次的拉皮、去皱和注射，企图永葆美丽和青春。我们认为，花费几百美元买一件抗老化产品并不是什么大不了的事情。事实上，为了对抗老化，我们会尝试任何东西——面霜、乳液、神奇维生素组合，以及神秘的健康药水——只要这些产品承诺能够帮助我们保持美丽、延长青春。（虽然在我看来，我们在这些"神丹妙药"上花费的钱能带来的不过是让这些产品的公司的股东赚得更多！）

然而我们绝口不提那个词，并不完全是因为被化妆品供应商强大的游说所说服。还有另一个行业促成了人们对死亡的否认，这个行业中善于装扮的艺术家们的美容技能能够媲美那些美容行业中的专家。他们安全地躲在屋内，忙于清洁、修护、修甲和推拿，以清除所有岁月和死亡的痕迹。在巧妙地隐藏了死亡留下的痕迹后，人们可以看到死去亲人整洁、漂亮、完美的容貌。从原则上来说，

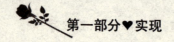

这似乎是一个好主意。但这项临时措施只是让事情表面上看起来更好，它就像亲人到访时清扫地毯下的污垢一样——不一定能够骗过大家或让每个人都开心。

科学家发明了低温悬浮，这在一定程度上也促成人们对死亡的否认。低温悬浮通过让身体慢慢冷却，将温度降低到冰点，暂时中止了人类的生命。这意味着，那些拥有厚厚的支票的人（低温储藏成本高昂）能够重新安排他们与死神见面的时间。自从1976年的第一起案例——将近一千人被放在了冰上，人们开始相信寒冷能够使生命"暂停"，延长身体的保存期限。但是，科学家们至今还没有找到让这些冰冻美人起死回生的"复苏"按钮。即使他们成功复苏了，你可能也会怀疑他们是否会像电影《沉睡有罪》里面的伍迪·艾伦那样，在约200年后复苏的同时需要补交2400个月的租金！

可以看出，问题在于我们害怕的是即将发生的事情。我们必须踏上的这段旅程，其终点不是我们熟悉的地方，相反，这辆我们每个人必须搭载的火车驶向的是一个未知的终点。据一些愉快的理论家所言，在那个终点我们会遭遇到神的惩罚，或者我们走入一个空洞中然后消失于其中。另一些人认为，当我们进入另一个世界，我们在尘世间的行为会被加以判断，我们会被判予处罚，或者被送到一个万劫不复的火坑中。显然这些画面对于减轻我们从地球进入另一个世界的恐惧毫无作用。看来我们只有在对"死"这个字眼的无尽的猜测中死去，尽管无论在宗教中还是在科学中，都已经有足够的证据告诉我们最后安息的地方在哪里。

这个永恒的困惑的可能答案，通常被认为是一个古老的真理和现代奥秘。濒死体验（NDE）经常被描述为一次神秘的经历，这通常发生在那些已被医生们宣告死亡，但最终却奇迹般地复活的人身上。濒死体验在20世纪70年代中期获得了公众的普遍关注，当时世界知名学者雷蒙德·穆迪博士出版了一本名叫《生命不息》（Life After Life）的书。在这本书中，雷蒙德·穆迪博士对濒死体验进行了全面彻底的调查。但穆迪并不是第一个研究濒死体验的人。《柏拉图的共和国》这本书写于公元前360年，它讲述的是一名叫珥的战士，在战场上被杀死后经历了一次濒死体验。在希腊、埃及和罗马著作中，也可以发现类似的故事。然而，是穆迪出版的这本书引起了全世界人民对濒死体验的兴趣。这本书在全球发行了共1300万本，它告诉人们什么是濒死体验。

　　根据1991年的国家盖洛普民意测验，曾有濒死经验的美国人从20世纪80年代后期的800万上升到20世纪90年代初的1300万人，因此，独立研究小组（包括穆迪）决定要建立一个有关濒死研究的国际组织以作进一步的探究。他们开始收集经常回想相似事件的上千名用户的资料："他们记得曾有一种从身体分离的感觉，还有一种可以自由飘浮在空中看着自己躺在病床上的情况。从这个角度来说，即使他们的心脏停止跳动，不能再呼吸，他们依旧能清晰地看到他们的亲戚或医生、护士在抢救他们。"有些甚至能够知道他们身边人心里的想法而在康复后这些想法被一一证实了。在这个研究中，最有趣的部分是很多研究对象暂时到了另一边。他们并不是与一个白须男人对抗，他们大部分人发现自己"沉浸在各种无法抵抗的爱中，不像以前他们所经历的那些"。他们经常说"这是

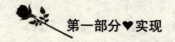
我人生中出现的最平静、最和平的东西"，这让他们感到舒服和使他们确定无须害怕死亡。美国的小儿科医师和神经系统科学家梅尔文·摩尔斯博士在20世纪80年代反驳濒死经验的真实性，但他访问的成百个小孩都曾有一样的经历。有趣的是，其中一个8岁名叫克里斯的男孩因为肾衰竭而心脏停止跳动后又复活了。之后，他告诉摩尔斯博士："我有一个很棒的秘密要告诉你。我那时正爬着天堂之梯。"摩尔斯的研究对象曾一次又一次地告诉他同样的事情，"生命终止时是安详和愉快的，是值得高兴的事而不是害怕的事"。摩尔斯是濒死经验研究领域的代表人物，也是多本著作的作者，其中包括《接近光界》。

国际濒死研究协会的创始人总结认为，这项广泛的研究为濒死体验提供了强有力的证据，他们说："这些研究的数据来源是绝对客观的，这些拥有濒死经验的人来自各行各业，他们绝大多数都是普通的、头脑清晰的个体，从而排除捏造事实的可能性。"这项研究令医生和学者大为惊叹，紧接着知名医学期刊如《柳叶刀》《英国医学》《神经和精神疾病》《美国精神病学》都刊出了大量的文章，对濒死体验的存在进行了讨论。现在，你可能已经阅读过一些把濒死体验看做胡说八道的文章，或者你本人可能对濒死体验的可信度保有个人意见。

但现在，我想让你暂时放下质疑想一想，事实上目前我们对于"来世"的许多想法让我们对死亡产生了一定程度的恐惧，从而导致了我们对"死亡"这个字眼的否认。这是一个问题，尤其当你打算开始创建属于你的爱的遗产，以在离开之后仍然能够给予亲人关爱的时候，这个问题变得尤其严重。然而，如果我们认真聆听了那些经历了濒死体验的人的描述，那么"来世"似乎变得更加吸引人了。从他们的描述中，这辆名叫"死亡"的恐怖列车前往的目的地叫作"舒适地带"——一个平静的、与爱人重聚的、可以迅速忘却所有尘世间的痛苦的地方。如果这一切都是真的，那么为我们的离开做准备岂不是变得更加简单了吗？"死"这个字眼岂不是变得更好接受了吗？如果你想进一步了解濒死体验，你可以从许多相关的文章、书籍和机构中获取更多的信息和解释。我在本书最后的推荐阅读部分列出了几篇文章，更多信息可参阅网站：www.realizethegift.com。

坦然接受无法避免的事会让你倍感轻松

学会接受"死"这个字眼将对你的生活产生十分积极的影响。当你学会坦然接受无法避免的事情，你的生活立即变得截然不同。你可以从一切限制中得到缓解并释放自己。我们对于"死"这个字眼的恐惧让我们停留在一种淡漠的、未完成的、目的不明确的和无目标的状态，我们盲目地接受着我们不喜欢的东西——不满意的工作、混乱的环境或者没有真情实感的关系——因为我们告诉自己，明天我们就会找到一个实现梦想的方式。

但是，如果你不是得过且过的那一类人，那么你会把每一个今天都过得很充实，你会设法满足所有内心的呼唤和渴望。你会拥有一种信念，你相信自己能够改变生活，追逐自己的梦想。当你生活在一种否认死亡的状态下时，你会很容易地向这个需要充分参与的生活提出临时休息的要求。你不会投入时间和精力去做那些符合你的内心本意的事情，相反你满脑子都是借口，你那聪明的小脑袋中装着无数的理由和借口，使你真正的愿望和梦想受到压抑。你成为一名辩解专家，不断地找一些借口来搪塞自己，如"我以后再做"或"我必须等到我拥有足够的时间、金钱、帮助，或者孩子们离开家时再做"。你质疑你的那些愿望是否具有可行性："我该如何实现这些愿望呢？""如果我做到了大家会怎么看待我呢？"你质疑那些你理应拥有的："为什么我应该拥有比别人更好的工作、家庭、假期、人际关系？""这其实不是我想要的，但我目前就这么将就着吧，很快就过去了。"你知道这一切是怎么发生的。我们的内心很享受这场人生游戏。我们反复地散播着一些毫无根据的言论，让我们可怜的悲痛的心相信我们无法实现我们的梦想，因为我们不够优秀、不够聪明、不够有吸引力、不够强大、不够有教养或不够勇敢去拥有我们内心深处最想要的生活、人际关系或经历。最后我们相信了这些误解，我们被说服了，认为不去为内心真实的呼唤而做出改变是更明智的做法。我们带着伪装的面容和虚假的微笑，对关心我们的人说："不，真的，我很好。"然而正当我们顺从地让那些珍贵的时刻一点一点地溜走时，又一个梦想远离了我们。

躲在这把否认死亡的保护伞下能够让你暂时保持干爽。你认为自己很聪明地躲过了雨。但是随着你一直往前走，你开始衡量你头上的这把保护装置，你可能会开始注意到这个设备的繁琐和笨拙的性质。你发现你必须一直举着它——以避免戳到别人的眼睛，同时你开始意识到这把伞阻挡了你的视线，在你的独特光芒中留下了一个黑影。回头看看那条机遇之路，你发现你错过了许多东西，你认为你当初应该在雨中冒险。否认死亡会给你带来深深的遗憾，除非你积极地参与人生这场游戏。

有些人很幸运，他们意外地遇到了生活中的暴风雨、龙卷风或飓风，这些意外迫使他们失去了这把紧紧抓着的保护伞，让他们无助地暴露在雨中。最初，他们在内心咒骂、抱怨，耸着肩膀、夹着耳朵试图躲避这些讨厌的雨。他们跑到门口，或者把书包顶在头上，他们寻找一切能够避雨的干燥舒适的地方。但随后他们发现了一些改变。他们环顾四周，注意到那些躲在保护伞下的充满沮丧和绝望的面孔。这使他们认识到自己以前一直被限制在那把保护伞下，太过于依赖那个舒适的、可以避免所有风险的环境了。一瞬间，他们的态度改变了。他们勇敢地走进雨中，很快他们开始享受水溅在脸颊上的感觉，雨水慢慢地流淌入他们的耳朵，但他们仍大声地笑着。

还记得你最后一次在雨中玩耍是什么时候吗？那时的你可能还是一个孩子，你可以让大量的水滴从你的鼻尖滴到你的鞋子上，而你想用舌头接住一部分水滴，你玩得很开心，因为在你看来这是个很有趣的游戏！你无视那些撑着伞走过的路人投来的关怀的目光，因为你知道这只是一个游戏——你想知道你到底能被淋得多湿。踩着水坑，伴随着溅起的水花你大步往前迈，你的心情轻松、自由、快乐，你已经准备好了去接受生活的挑战，你清楚地知

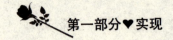

道，就是现在，现在是唯一的挺过悲伤重获新生的时刻。然而我们中很少有人能以这样的方式生活，因为我们相信总会有另一个玩耍的机会。抱有这种信念的人的信心来自于人类力量的不断增强和生命的不断延续。由于能够选择更加健康的生活方式和更好的医疗服务，获得剑桥大学博士学位的遗传学专家奥布里·格雷博士预言说："在25年内，人类有50％的机会可以获得永生。"有了这样的预测，也难怪我们会选择对"它"只字不提。我们会认为"它"在下一个30年、40年或50年中都不会到来，如果科学真的能够让人类永生，那么"它"永远也不会到来！但是，当你注意到，2007年全球的死亡人数超过56万（根据世界卫生组织提供的数据）——这几乎是加州人口的总数！这意味着有成千上万的父母、姐妹、兄弟、恋人，他们像你我一样，与至爱之人分离了，一天、一年、一辈子。（即使现代医学在不断进步，我们拥有高科技和抗老化霜！）

不论我们是否准备接受，"它"最终都将降临在我们每个人的身上。不过，你可能会想："为什么现在就要开始准备呢？大多数人死于癌症或者心脏疾病，我还年轻，要等真的老了的时候才会患上这样的疾病。"这么说确实是事实，因为非传染性疾病（NCD）是发达世界中人们的常见死因。然而不幸的是，这些疾病可以发生在各年龄段、各行各业的人身上，但它们不一定会发生在你身上。很有可能某一天你就中了那句古老的谚语——你可能明天就会被一辆巴士撞倒，你只是从来不知道"死"这个字眼什么时候会敲响你的房门。当你晚上舒服地躺在床上时，你可能认为自己是安全的，但根据国家大师网站的中央研究资料库的资料显示，每年有1616人从自己的床上摔下死亡。下一次去喝啤酒的时候也注意一下，每年有4115人死于意外酒精中毒。即使你滴酒不沾，那也不能保证你是安全的，普通感冒或者说急性鼻咽炎——感冒的正确医学名称，每年要夺走727名可丽舒面巾纸用户的生命！

这取决于你：隐藏或实现这份礼物！

如果你仍然认为自己是不可能遭遇这些情况的，那么请花点时间考虑一下在家中、工作中，或旅行时在汽车、火车、飞机、摩托车和船这些地方发生意外的可能性。当然，如果你的工作正好是属于一个高风险的领域，如军事、应急服务、安全服务、对外援助或新闻工作、极限体育（特别强调包括商人！），或者你是一名专业探险家、水手、飞行员、宇航员或潜水员，那么你意外死亡的概率会比常人高得多。不管你从事什么职业，有一个不能忽视的事实是这个"假如"总有一天会发生。如果你试图忽略这个事实，这不仅毫无意义，而且会被认为是非常自私的行为。忽略"它"的到来而不做任何准备，你就错失了与活着的家人分享情感财产的机会。不论你的生命还有2个月或是20年，我们每个人都有选择的机会。你可以选择躲在对死亡的否认中，也可以选择采取行动，看看创建一份爱的遗产能为我们自己和我们的亲人带来什么，这样我们就可以趁现在做一些有意义的举动，在时间还来得及的时候！

因此，让我们抛弃这把否认死亡的伞，花一些时间去探索这个

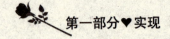

字眼——你会惊讶地发现在这颗苦果中隐藏着几丝甜意。因为，无论你相信与否，在痛苦中总有一线希望，这是那些已经经历过死亡的痛苦的人所发现的，并且一次次得到了证实。环法自行车赛冠军兰斯·阿姆斯特朗认为，癌症是他这辈子遭遇的最好的一件事，尽管他的身体和感情都饱受折磨。他解释说，这种威胁生命的经历增长了他的见识，帮助他专注于真正重要的事情。从他的病中，他得到了启发和鼓舞，他希望能为这个世界做出更大的贡献，因此他开始运行兰斯·阿姆斯特朗基金会。这个基金会旨在为身患癌症的人们提供咨询、教育、宣传、研究和工具，以帮助他们对抗癌症，目前它已被公认为最有影响力的基金会。自从被诊断出患有癌症后，兰斯又获得了6年环法自行车赛冠军的头衔，并通过努力实践了他最疯狂的梦想，获得了物质和情感上的双丰收。

兰斯绝不是唯一这么做的人，有许多人像他一样被逼入绝境后，才深刻地体会到"机会只有一次"。在经历了灾难、疾病或者与死神亲密接触后，他们发现即使害怕也无济于事，相反他们活出自我的愿望被点燃了。在充分认识到今天活着的我们可能明天就会毫无预兆地离开人世之后，他们找到了勇气去克服来自社会、父母、宗教或自己强加的压力，追逐自己的梦想。明白这个道理后他们的生活开始发生改变，他们带着激情和明确的目标，干劲十足地把想法转化为行动，探索出一条让自己更满意的人生道路。他们摒弃了那些所谓的理由和借口，不再说什么"我不……"他们找到了冒险所需要的勇气，去走出一条最自然、最有意义的人生道路，去给予爱，成就爱，做他们爱做的事——趁他们还有机会。

唯一的希望：开始追随你的快乐

像兰斯一样，许多人开始去追逐一些看起来不可能实现的梦想，而另一些人选择重新专注于生活，更加投入到生活中。邓肯·瑞吉利的个人经历就是一个很好的范例。邓肯·瑞吉利是一名英国摄影师，他与他的妻子以及3个孩子在进行环球旅行时遇到了一场灾难，被暂时留在了斯里兰卡的阿鲁加玛湾。他们在海浪的轰鸣声中醒来，在短短的几秒钟内，这个家庭就被2004年亚洲海啸的滔天巨浪彻底毁灭。邓肯先生12岁的女儿还没来得及抓住她面前的那个漂浮的冰箱就被水浪先后冲到了树上、汽车上和建筑物上。她挣扎着努力让自己从这场灾难中活过来。从建筑残骸中凸出的钉子刺穿了她的脚筋，留下了令人触目惊心的撕裂开的伤口。在这种孤独而且饱受惊吓的情况下，她为自己和家人的生命感到担心。但奇迹般地，整个瑞吉利家庭都存活了下来并最终团聚了。

尽管那场灾难的场景和对自己生还的愧疚还总是不时地出现在他的脑海中，邓肯先生抱着一种积极的态度去对待这场苦难带来的后遗症。"几乎没有任何事情能比看见自己的孩子在死亡边缘徘徊更能激起求生的欲望。因此，许多人现在只是在为一个他们虚构的未来而努力，但我们现在正在过的，才是生活。"这一次的死亡体验让瑞吉利一家人开始接受死亡是不可避免的这一事实，并且勇于冒险。他们决定无限期地继续他们的旅行，享受更多一家人待在一起的时光。他们不再回归到那朝九晚五的苦闷通勤生活中，相反他们开办了一项网络旅游业务。邓肯先生非常感激上帝给了他们第二次机会："早晨醒来我总是会这么想：'上帝，如果没有那件事

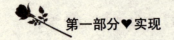

我们可能无法过上现在的生活。' 生命是多么的珍贵啊。"

如果没有这次与死神亲密接触的经历,瑞吉利一家很可能早已返回到他们的日常生活中,和大多数人一样继续过着否认死亡、得过且过的生活。我们究竟为什么会选择停留在这个安全但不符合我们心意的地方呢?《当前——人类的目标和未来领域》的作者约瑟夫·沃斯基是一名广受好评的作家,他认为人们对于生活的恐惧使得他们停滞不前。他写道:"我发现,人们并不是真的害怕死亡,他们害怕的是自己从没真正活过,害怕自己从没深入思考过人生的目标和意义,害怕自己从没实现过人生目标或者至少在这个世界上做出一些有意义的事情。"

美国哲学家约瑟夫·坎贝尔指出:"人们总认为自己在追求生命的意义。我不认为那就是我们要追求的。在我看来是我们所追求的其实是一种活着的存在感,这样我们就可以使物质层面的生活经验与自己的真实内心产生共鸣。我们真正感受到的其实是活着的喜悦。"我个人认为美国演员迈克尔·兰登在身患胰腺癌时接受《生活》杂志记者采访时,把这一点解释得最为到位:"人们应该告诉我们,刚出生的时候就告诉我们有一天会死去。那么我们可能就会尽自己最大的努力去生活!每分每秒每一天!去做吧!无论你想做什么!现在就去做吧!我们的明天有限……"现在,在你拿起《死前必去的1000个地方》这本书和你的家人奔往每一个目的地前,花点时间来释放你对死亡的恐惧,你会发现这做起来其实很简单,这样你就可以更加投入地生活。你就从这个问题开始:"这符合我的本意吗?"把这个问题套用在你生活的每一个方面——

你的人际关系、职业和生活方式，然后当你的内心给出的答案是"不"，那么你该有所行动了。不要等待，做出改变，马上、立刻行动。

如果这真的奏效，那么想象一下你只有3个月或6个月的生命，停下生活的步伐，花点时间来倾听你内心的呼唤，看看它需要什么，有什么梦想和渴望。一开始你可能很难听到这些呼唤，但请坚持下去。心灵的声音在被长时间忽略后，往往需要几个月的时间才能被重新听到。请保持聆听你的内心对这个问题的答案，直到它给出的答案越来越大声，越来越清晰。去一个安静的地方静静地坐着，或者只是远离那些告诉你你不可能完全拥有你想要的生活的人。这只是他们的信仰罢了，并不是你的。当然你需要花点时间来转变原来的想法，形成一个你自己的信仰，相信你可以并且将会拥有你想要的生活，只要你记住死亡随时可能降临——这将给予你所需要的勇气。最后，当你学会了倾听内心的渴望后，你会发现你已经拥有行动的勇气。随着时间的推移，你追求梦想的热情会逐渐盖过你心中已经形成的恐惧，你能够更加自由地追随自己的心灵了。

当你这么做以后，你会发现你的生活中的许多阴暗的部分被照亮了，你可以自由地创造未来：你可以选择过一种充满活力、充实的生活，去爱该爱的人和物。然后你就可以"追随快乐"，这样当你终于到达那扇天堂之门时，你可以不带任何遗憾地回头看你的一生。你会为自己曾经如此充实地活过而感到自豪，带着满足的笑容，你把头高高昂起，走入天堂。

第二部分 ♥ 礼物

第五章

好 的 指 引

忠言就像雪花。它越轻，飘落的时间越长，在脑海中也就能沉淀得越深。

——塞缪尔·泰勒·柯勒津治，诗人

和任何其他的母亲一样，海伦·赫尔康比希望能够给她7岁的女儿菲菲尽量好的照顾，让她健康快乐地成长。但是，海伦在28岁时被诊断出患有乳腺癌，菲菲在了解母亲的病情后，曾经问："你会照顾我吧，妈妈？"海伦回答说："别担心。我要去的地方叫作天堂，我会在那里照顾你。"

海伦希望她的教养原则能够在她离开后继续为女儿提供指导，因此为了履行她对女儿的诺言，海伦偷偷写下了一份"如何做"的指导。在这份指导中海伦详细地列出了当自己离开后，丈夫安东尼养育女儿菲菲需要做的事情。这份指导包括一些生活上的建议："定期检查头发中的虱子，至少每隔一天洗一次澡和头发，我的孩子不能臭烘烘的。"她还为圣诞袜里填充的礼物提供了一些想

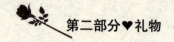

法："巧克力、头发绒球、化妆品、一些好玩的东西等等。"其还包括在家务处理方面的一些切实可行的建议："床上用品应两周更换一次，身上有汗的话应该更换得更频繁些。"海伦甚至列出了一些温馨的警告："记得与菲菲的教父教母以及我的朋友，尤其是与我的父母保持联系，不然……我会回来找你的！"

代理父母的力量

心理学家和家庭支援组织都称赞海伦的这种代理养育的方法对治疗她的亲人的悲痛效果显著，于是海伦的《妈妈手册》开始出现在世界各地的头条新闻中。吉尔·坦普尔曼是玛丽·居里癌症护理中心的家庭小组组长，她高度赞扬了这份影响长远的遗产给海伦的家人带来的积极影响："这份指导对安东尼和菲菲来说是一份充满爱意的无价之宝，它是联系海伦的一个永恒的纽带。这对海伦的治疗也有一定的积极作用。"安东尼特别感谢海伦为他留下了一份这么好的指导，让他在适应失去妻子的同时，还能很好地充当一名代理母亲的角色。海伦早就明白，她不能依赖命运给予她眷顾，也不能依靠心爱的丈夫替她照顾女儿，因此她写了这本手册以确保即使她身在天堂也能继续养育菲菲。因为海伦是菲菲的主要照顾者，因此她很体贴地想到丈夫并不能很好地处理女儿学校日常生活中的所有重要方面，或者照顾一个小女孩需要考虑到的所有细节。安东尼在海伦离开后不久就从海伦的父母手中拿到了这份长达三页的指导手册。他在《纽约时报》的一篇文章中说道："每当谈及菲菲我总是在想：'海伦是如何做到这些的？'她留下的建议的确可以帮助我做一名更好的父亲。"

　　全世界有数以百万计的儿童、青年人和老年人生活在没有爸爸或者妈妈的环境中，他们不幸失去了父母中的一方或双方。据世界卫生组织报告，每年有56万人离开人世，每一个人的离去都会对至少4个家庭成员造成重大影响。这意味着每年有超过200万的人必须学习如何承受失去亲人的痛苦。这些失去亲人的人——包括成年人和儿童，都需要一定的指导。一份像《妈妈手册》这样的指导能够帮助他们更快地适应变化了的环境，为他们面临的实际问题提供一些建议，同时提供持续的支持和鼓励，帮助他们从悲痛中恢复过来。

海伦的《妈妈手册》

- 确保食物中有足够的蔬菜，让她多吃水果。不要让她经常吃罐头、面条和烤面包等食物。

- 每年9月为她买一套新的校服（开衫、裤子、裙子、连衣裙、短袖衬衫，你也可以让她继续穿去年的校服，如果它们足够干净）。如果不够干净，那就赶紧扔掉了——我的女儿不能看起来脏兮兮的！

- 在校外把她打扮得时髦点——靴型牛仔裤，时髦的靴子。去干净点的商店！

- 定期剪头发。确保她在学校的时候头发整齐地扎成两个小辫子，不要马尾。必要的时候用梳子帮她梳头发。

- 积极参加家长之夜聚会——所有家长的。监督她的功课。留意她在学校可能受到的欺凌或遇到的问题。每天晚上检查书包，检查她的单词拼写、信件等。

- 过段时间，在浴室的门上装一把锁。等她再长大一点她会很感激你这么做的。

- 不要拿走我所有的照片，只要菲菲觉得舒服即可。让她至少在母亲节、我的生日、她的生日、我们的纪念日中挑两个日子给我送花就好！

对于你的亲人来说，失去你后需要时间来适应生活，你对于他们来说是父母、朋友、终身伴侣或情人，你是给予他们引导、鼓励，为他们做饭、买礼物、支付账单、制定旅行计划、组织家庭聚会的人。可能有的时候，他们没有意识到你是多么重要，可一旦你离开了，他们就会明白你是如此独一无二。他们会清晰地回忆起你为他们做的事情，即使看似微不足道的小事情，比如你知道洗衣机出故障时该打电话给谁，或者你知道该买哪个品牌的饼干。

如果你能回想起上一次你离开亲人一两个星期的经历，你可能会想起你的丈夫、伴侣或朋友给你打了不止一个电话问你："在哪里可以找到……""我该怎么……""我要怎么处理……"也许当他们在家遇到了一点危机时，这些电话的性质就会变得较为严重，他们会问："他们对……太敏感了吧？""我该吃点什么药呢……""我在哪里可以打开煤气……"现在把这些电话放大几千倍，你会很快发现，一旦你离开了，你的亲人会多么需要你给他们留下一份爱的指导。

谁来鼓励他们?

一旦你离开了,谁来替你回答这些问题?谁来替你修理东西、管理收入和支付账单?谁来替你记住你的孩子们都喜欢什么?谁来替你保持与家人和朋友的关系?谁来替你鼓励他们?没有了你的生活方式和智慧作指导,你的家人的生活中会出现一个巨大的空洞需要填补,尤其是那些依赖你的人:

- 儿童、青少年、年轻人和孙子孙女们。
- 年老的亲人,尤其是父母和配偶。
- 至今仍然是单身父母的伴侣或前伴侣。
- 长期的朋友和照顾者。
- 已有过丧亲经历的人。
- 有毒瘾或自卑的人。
- 有精神疾病或抑郁症的人。
- 缺乏家庭和朋友关爱的人。

在你离开以后,每个人会有不同的需求,有的人可能需要更多的支持和指导以克服悲痛。你为7岁的孩子留下的建议不一定适用于成年的女儿、年长的配偶或伴侣,因为他们必须从现在开始学习如何独自支撑整个家庭。每个人的需求根据他们的年龄、身体健康

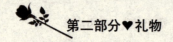

程度、情绪的稳定度和对你的依赖程度而有所不同——当你在创建属于你的爱的遗产时需要将这个重要因素考虑在内。在通常情况下，会有一个或两个人因为你的离去而受到严重的影响，因为他们太依赖你了。要识别出哪一个或两个人受到严重影响是非常简单的。请记住，年长的伴侣、年幼的孩子以及那些有特殊需要的人往往比其他家庭成员更容易感觉被抛弃，因为他们除了你没有其他求助的对象。不要认为年龄足够大就有足够的能力去面对失去亲人的悲痛。

我和弟弟在母亲去世时都是年轻人，因此很多人认为我们有能力处理丧母之痛。他们没有考虑到的一个事实是，母亲和父亲在我们很小的时候就离婚了。在一个单亲家庭中成长的我们已经变得完全依赖母亲，她是我们的主要照顾者。父亲再婚了并且另外拥有两个孩子，因此他很忙碌，即使就住在我们附近，他也很少参与我们的生活。与母亲在一起10年的伴侣弗朗西斯虽然和我们关系不错，但他住在自己的公寓里，从严格意义上来说，这就意味着母亲去世后我们只能依靠自己。在继承了母亲留下的这栋房子后，我和雅各布需要作出许多具有挑战性的决定：

我真的不知道该怎么处置这栋房子。那个你花了那么多时间打理的花园已经杂草丛生了！如果我就这么把房子空着而不租出去似乎有点让人难以理解。我只是无法想象有任何其他人在那里生活的场景，那一定会让我感觉很难受。我还有另一个选择，就是把它卖了。但是这看起来像是准备结束这一切。我想我们还没有做好这样的准备，如果卖了这栋房子我不知道假期我们还能去哪里。我讨厌这种不能回"家"的感觉。

　　如果我们能从阅历更为丰富的人那里得到一些指导，那一定会让我们获益匪浅。然而，这仅仅是个开始。在刚刚失去母亲的几个月乃至几年中，我面临的挑战接踵而来——生活问题、情感和人际关系问题，对生活、信仰和爱的质疑。我们在努力适应失去母亲这一悲痛现实的同时，要学习处理经营一个家庭所需面临的日常事务。我们有这么多的东西需要学习、需要适应，因此实际上我们需要的帮助比我们口头上表达出的要多得多。

你可以求助于一位值得信赖的船长

　　你的活在世间的家人需要的不仅仅是一本记载着电话号码的、可以联系朋友的"小黑皮书"，或者关于如何节省取暖费的建议。一些关于生活问题上的提示自然是很有帮助的（尤其当你是处理生活事务的首要负责人时），但你的亲人真正需要的是一些关于会对他们造成永久影响的问题的建议。想一想下列事项，以及你该为活着的亲人提供好的指导，开始成为"代理父母"：

- 健康、营养和总体幸福感。
- 教育、个人发展和职业生涯。
- 财政、投资和资金管理。

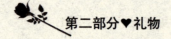

- 家庭管理和维护。

- 朋友、人际关系、宠物和家庭。

- 宗教、传统和信仰。

- 对丧亲之痛和悲伤的安抚与支持。

　　你可以先列一个简单的首要提示清单，或者，你可以像海伦那样，写一个详细的"如何做"的指导手册。你甚至可以整理一个推荐阅读清单，列出一些书籍以帮助你的亲人在你离开之后处理一些具体的问题。如果你有一定的技术和设备，你还可以以视频或网络视频短片的方式把你的智慧记录下来并传递给你的家人，为他们留下一份教育影片或DVD作为礼物 —— 就像电影《我的一生》中的鲍勃那样。你只需认真挑选一些主题。有些主题并不是那么有吸引力，我想你应该不想在大家心中留下无聊之人的印象！

　　有一点很重要，你应当清楚地知道你的这份指导为你的亲人带来的影响，因为你留下的一切会不可避免地被视为你的遗愿，而且你话中的隐藏含义会被无限放大。你传授的智慧很有可能会带来极大的伤害，尤其是当其中传递的信息并不包含任何真情实感时。举个例子来说，如果你把一些不切实际的要求强加在他们身上，或者要求他们按照你的规则生活，那么你这是在妨碍他们学会自己成长，而且这也是不尊重他们的个性的表现。最终导致的结果可能会是一生的内疚、愤怒和缺乏成就感。请记住，你的遗产应该是关于爱的，而不是对你的亲人加以控制或成为他们的情感枷锁！

　　你即将留下的这份善意的指导将在很多方面对你的亲人大有裨

第五章 好的指引

益，但目前来说它的影响力有限。当悲痛袭来，生活被完全颠覆的时候，要预测出活着的亲人的所有需求几乎是不可能的。然而，唯有一件事却是你可以预测到的：他们在悲伤的时候需要鼓励。这就是为什么我在此建议你找一位船长来为你掌舵。这位船长可以对你进行指导——提供实时的指导，他可以是一名专业心理顾问、一个值得信赖的朋友或家人，他/她应该是可以让人依赖并给予关爱和支持的。如果你有年幼的孩子，你可能已经出于这种想法为你的孩子选择教父教母了。但是如果在你的信仰中，你并没有选择某人替你履行父母职责的习惯，那么你可以考虑雇请某人来扮演这个角色。想象一下，你正在寻找一位值得信赖的船长来替你掌舵——这个人可以给予你的亲人鼓励，把他们从悲痛的苦海中解救出来。这名船长将负责为你的亲人提供持续的照顾和快乐，引领他们走完这趟悲痛之旅。

与其他任何有效的招聘流程一样，你需要在开始寻找合适的指导者前，确立他/她需履行的职责、胜任这份工作所需的能力以及制定协议条款。在理想的情况下，你想要的是一名既有实践能力，又能够富有同情心地去满足你的亲人的需求的指导者——如果他们在此前有过类似的丧亲经验那就再好不过了，否则，他们可能无法理解你的亲人在你离开后面临的挑战。当你找到了符合你的标准的人，你应该确保他们了解所有其需要承担的责任，然后与他们分享你的家庭秘密，甚至包括家人最喜爱的饼干品牌！

很多人并不懂得如何与经历过丧亲之痛的人相处，他们无法体会到这些人曾经承受了多么巨大的改变和面临了多少挑战。因

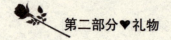

此，人们总是选择忽略他们或避免与他们接触。这对承受着丧亲之痛的人来说是一个沉重的打击，因为朋友、其他亲人和给予支持的那些人开始消失——这是需要一名心理导师的另一重要原因，他/她在这段时间能够始终忠诚如一地为你的亲人给予支持和鼓励。

当有人离开人世的时候，对那些仍存活在人世的亲人来说，他们的世界观从此发生了巨大的变化，影响了他们对生活各个方面的态度和兴趣：人际关系、信念、行动能力、休闲兴趣、钱财、健康和家庭。那些以前看起来似乎有趣或令人兴奋的活动——运动、休闲活动和应酬——在失去至亲后，会变得毫无吸引力。不幸的是，随着死者的亲人逐渐远离他们的日常活动，他们会发现自己与那些以往一起分享快乐和兴趣的朋友或家人分开了。这进一步加重了他们的悲痛，增强了他们的孤独感和失落感，在母亲离开后我很快就有了这样的感受：

朋友们今晚都出去玩了，但她们没有邀请我。我猜她们应该是认为我不会去所以没有邀请我。她们的猜想是对的。在喧闹的酒吧里跳舞对我来说已经不再有吸引力了。但我还是感觉很受伤，因为她们没有邀请我。

正如你认为的那样，你正在适应生命中一个重要的人的离去，你发现你正面临着朋友和其他亲人的大规模远离。在母亲离世后，至少有四位我认为是朋友的朋友在一夜之间丢下我，从我的生活中消失了。朋友是多么的忠诚啊！你的亲人面对你的离开会表现出不同的反应。有些人会变得特别想保护余下的亲人，害怕他们有一天也会离开。普通的日常生活，如开车、步行到商店、做运动或乘坐火车去工作地点，变得不再普通。母亲去世后我对弟弟的冲浪行为的态度发生了很大的改变：

雅各布今天下午给我打了电话。他说这有趣极了，我们之前尝试了那么多次，但今天终于漂亮地做到了。但我真的希望他不要再去冲浪了，我非常害怕。我无法忍受也失去他——那还不如杀了我！

一些离开方式会加剧这种反应——尤其是如果亲人离开得十分意外或非常突然。由此产生的恐惧，如果任其发展，会阻碍生者从丧亲之痛中健康地恢复，让他们变得爱控制、爱唠叨、胆小、沉默寡言。这些悲伤的症状和影响，都是你所选择的那名心理导师应该注意到的。但是，如果你不知道谁拥有同样的丧亲经历，你可以让你的亲人去选择一家丧亲支援组织以寻求帮助，道奇中心、"富有同情心的朋友"或者悲痛恢复机构都是不错的选择。悲痛恢复机构出版的一本书《悲痛恢复手册：战胜死亡、离婚和其他损失的行动纲领》对于你的亲人来说会是一份很棒的礼物。你还可以在下面这个网站中找到国际丧亲支援组织的所有名单：www.realizethegift. com。

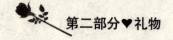

鼓励他们从悲痛中健康地恢复

在刚刚失去你的时候，你的亲人可能会在一种不堪重负或是极度震惊的状态下收到你留下的这份善意的指导却没有多加注意，但是随着生活逐渐回归正常，他们会慢慢体会到隐藏在你的这份礼物中的巨大价值。尽管专家们声称，悲伤的时期通常持续1至8年，而活着的亲人只会在最初的12至18个月中才会在生活问题上需要帮助。然而，悲伤是一种个人经历。有的人可能只需1个月化解悲伤，但有的人却可能需要3至5年。悲伤的程度和持续的时间取决于他们与死者的关系好坏及深浅，取决于他们为了死者的离去做了多少准备，取决于他们的个性以及他们是否曾经历过类似的损失。毋庸置疑，你的亲人极有可能会在很长一段时间内，从你留下的这份善意的指导和你安排的心理导师那儿得到不少帮助，因为情感、行为和心理问题往往会持续多年。不幸的是，许多曾经经历过丧亲之痛的人认为其他人应该按照他们的经验从悲痛中恢复过来。为了让你的亲人免受这样的限定或者被"往前走"这句咒语推着向前，你可以为你的亲人提供一些关于从悲痛中健康恢复的建议。

如果你的亲人得到了充分的支持和鼓励，敢于自由地表达自己的情绪，那么这条充满悲痛的路对他们来说不会那么难走，这样他们就可以渐渐地从悲痛中健康地恢复过来了。在我为失去亲人的人提供咨询的工作中，我建立了一个悲伤反应模型，这个模型展示了失去亲人的人在他们学会面对现实、接受损失继续生活，并最终心境变得平和这一过程中的三个阶段——反应、反思和恢复的情感反应规律。这个模型能让你对亲人从悲痛中恢复所需的时间有所了解，并向你展示亲人的离去对生者造成的情感影响的广度和持续时间。

三个阶段：悲伤反应模型

反应阶段	反思阶段	恢复阶段
1~2年	1~4年	2~10年
愧疚	解脱	乐观
震惊	孤独	接受
怀疑	没有目标	有目标
心碎	嫉妒	积极
自责	疲惫	安定
麻木	忧虑	完整
冷漠	不满	精力充沛
害怕	郁闷	富有同情心
疑惑	愤怒	善解人意
孤独	紧张	平常
解脱	不完整	理性
崩溃	不安	平和

在你离开后，你的亲人首先会经历第一个阶段即反应阶段，这是一个非常艰难的阶段，因为这是他们第一次必须在没有你的爱和支持下面对生活。在这个阶段你的家人的负面情绪会不断地高涨，这其中包括他们失去你后在生活上、精神上、情绪上和身体上的反应。这可能包括一种心碎的感觉，就好像胸腔被什么东西刺痛或拧在一起。麻木、震惊和拒绝相信是人们在面对亲人死亡时的常

见反应。根据亲人离开方式的不同，有些人可以迅速地从反应阶段跨入反思阶段，尤其是当他们事先已经做好了心理准备，或者离开的这个人是一名已经拥有完整人生的老者。

在反思阶段，死者家属会开始消化悲痛，这就意味着随着他们逐渐习惯独自一人，重新接受新的生活和人际交往关系，他们会渐渐培养出依靠自己的能力。在这一阶段会发生很多调整变化。在他们寻找"为什么"这个问题的答案，并学习"死是我们生活的一部分"这一事实时，许多哲学和精神问题就出现了。

随着时间的推移，丧亲之痛引起的消极情绪逐渐消退，死者家属会表现出越来越多的积极情绪。这将有助于改善他们对人生的看法，推动他们进入恢复阶段。当积极情绪占据主导地位时，死者家属通常会发现他们已经在情感层面、精神层面和生活层面上接受了死者的离开，他们摆脱了悲伤的包袱，又可以自在地生活了。在通常情况下，死者家属会不定时地产生这些情绪反应，并在这些状态中反反复复，甚至他们似乎已经从一个阶段进展到下一个阶段了。这些都是非常正常的，尽管这些波动发生的频率会因人而异。许多人在经历过大幅度的情绪波动后会出现情绪不稳定、抑郁、失眠和极度疲劳的现象。这将对他们全面恢复前的表现，以及建立并维持健康的人际关系造成严重的影响。在反应阶段，死者家属的食欲也会普遍受到影响，严重的可能发展成饮食失调，而其他的健康问题如湿疹、哮喘和偏头痛则可能会突然出现或加剧。这些症状也许听起来很可怕，但它们都是悲伤带来的普遍现象，并且通常只持续一小段时间。

第五章　好的指引

　　然而，有一些迹象是需要你的心理导师或其他家庭成员注意的——一些表明死者家属由于悲伤未能及时化解或悲痛异常而可能已经进入危险区域的警报。这些迹象包括突然长时间退出社会、忽略家人或拒绝谈论死者。另一个明显的症状是长时间抑郁，这体现为迷失自我或痛苦的减弱，这会损害死者家属健康地工作、处理人际关系和生活的能力。未表达出来的愤怒、压抑的情绪和对死亡的拒绝通常是其起因。异常的悲痛会导致死者家属对自己的或他人的健康产生妄想。例如，有的人在所爱之人死于癌症后，可能会认为他们也患有癌症。在极端的情况下，异常的或未化解的悲痛可能会导致死者亲属萌生自杀的念头，引起饮食失调或滥用药物现象。其他表明死者家属处于危险区域的迹象包括：

- 考虑或计划自杀。
- 远离他们以前喜爱的生活或活动。
- 过度酗酒或吸毒。
- 身体有疑似自残而引起的肢体淤伤或刀疤。
- 不规则的饮食习惯或奇怪的饮食行为。
- 自我孤立时间过长。
- 非常规的开支或突然暴增许多东西。
- 清洁和健康方面的强迫症表现。
- 拒绝或过度谈论死去的亲人。

　　这些都是你可以提前与家人商量的事情，这样他们就会不仅知

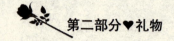

道该期望什么，也知道哪些行为是健康的，哪些不是。你找到的心理导师或者其他的家庭成员也应该在看到任何这些症状出现在活着的家人身上时，积极寻求专业人员的帮助。如果任其发展，这些症状可能会对他们的思维和行为造成影响，从而发展成严重的心理健康问题。但是我相信这样的后果是不可能发生在你的亲人身上的，因为你会为他们的健康恢复竭尽所能，你会给他们留下一份善意的指导，你会挑选一位能够给予关爱和支持的、值得信赖的心理导师作为船长，在你离开的时候为你的亲人的健康恢复掌舵。

第六章

未来的惊喜

对于未来，你要做的不是去预测，而是去掌控。

——安托万·德·圣艾修伯里，作家

　　未来是我们实现希望和梦想最终到达的那个终点。在通常情况下，它是一个我们向往到达的地方，那里有我们想要的东西，或许是一个活动或即将到来的节日、一次特殊的生日宴会、一场婚礼或每年都有的庆祝活动（如圣诞节）。在这些快乐的日子到来之前，我们往往会满怀期待、十分兴奋，其后我们的生活会充满快乐和欢笑，我们与我们所爱的人分享这个欢乐的日子。在这些标志性的仪式或重要的生活转折点，我们可以通过庆祝活动的方式让家人和朋友团结在一起，创造珍贵的回忆照亮我们的生活。

　　然而，对于失去亲人的人来说，这些节日被赋予了完全不同的含义。这些日子不再是喜悦和庆祝的日子，而成了轻易就能唤醒他们的痛苦的日子。在这些日子里，他们从别人那里得到的贺卡、礼物、电话祝福似乎常常在提醒他们不可能再从离开的那个人手中得

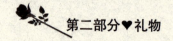

到任何这样的东西。这些庆祝活动不再是什么值得期待的事情，因为它们只会向你强调你爱的那个人已经不在了，它们会带回痛苦的回忆，放大别离的伤悲——它们成了孤独的标志。

孤独的标志：从现在开始的2年、4年、10年后

圣诞节是母亲去世后我过的第一个节日。那是在她的葬礼的7周之后，我仍旧沉浸在失去母亲的悲痛中。要度过一个没有母亲的圣诞节让我感到十分忧郁，因此我十分感激我的姑姑和叔叔邀请我们留下来和他们一起过圣诞节。在圣诞节的前几个星期，我不停地忙着买礼物，这让我能够暂时分心不去理会那在心底酝酿的不舒适感。我害怕即将到来的圣诞节，因为那一天一定是糟糕的。当我在圣诞节的当天早晨醒来时，我的第一个念头就是"不要想她"，但我却忍不住还是想起了母亲，然后眼泪就顺着我的脸庞流了下来。我想大叫："我该怎么办？没有她的圣诞节不可能是快乐的。"但我不想扫了大家的兴。我看着自己空空的床。在通常情况下，妈妈会在那里放一只袜子，但今年没有了。自我出生以来，母亲每年都会在那个绣着我的名字的愚蠢的红袜子里塞满廉价却好玩的小玩意，这已经成了每年圣诞节的传统。对我来说，这个传统象征着母亲的爱，承载着她在我身上花的时间、对我的关怀和重视，这体现了她对我的了解。空空的床提醒着我母亲已经不在了。从现在起，我的生命中再没有任何人会去充当这个照顾我的角色。那一天剩下的时间我都是在眼睛红肿中迷糊度过的。圣诞

节永远不可能和以前一样快乐了。尽管第二年的圣诞节没有那么糟糕，但其他一些特殊的场合重新点燃了我失去母亲的悲痛。甚至两三年后当我看起来似乎已经开始从悲痛中走出来了，只要一触及这些孤独的标志，我就会立刻悲痛不已。只是其他人似乎无法理解那些日子给我带来的痛苦有多大。

在母亲去世后的前几个月里，周围的人都纷纷给予我慰问和支持。他们都知道我情绪起伏很大，正处于一个重大的适应期。但两年后当我即将毕业的时候，似乎没有人理解我遇到的困难。在毕业那天，每个人的父母都来了，不停地有人问我："你的爸爸妈妈来了吗？"我只能强忍着悲痛尽量开心地回应他们。

死者家属在一开始得到许多帮助是十分普遍的现象——帮助料理食物、提供旅行和交通援助、帮忙安排葬礼或财政援助，但这种情况很少能够持续超过12个月。2年、4年或10年过后，这些温柔的话语和理解通常都会不复存在。然而，你的家人在你离去后很多年一直都需要帮助，因为那些庆祝节日：每年都有的假期、生日、婚礼、毕业典礼和圣诞节并不会停止前来，而这些节日在不断地提醒着你的亲人一件事，在这些特殊的场合你不在了，无法与他们分享快乐了。我发现那些重大的事件，那些标志着我生命的转折点的事情，都成了孤独的标志：大学毕业的那一天、30岁的生日、每年的母亲节、5月10日（母亲的生日）。我被悲伤的负面情绪不断轰炸着，尽管母亲已经离开多年了。可悲的是，我知道这样的孤独标志不会到此为止。这些孤独的标志会变得越来越多，那些我痛苦地想像着母亲的精神还存在的日子也会越来越多，我会努力

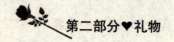

地面对现实，面对她无法出席我的婚礼或我的第一个孩子的出生酒宴这一事实。想必我在这些未来的重要日子里会非常难过，毫无疑问，我将需要一盒纸巾！

当"第一次"到来之时

最终，每一个孤独的标志引起的悲痛都将减少。随着岁月的流逝，生者会开始调整心态迎接新生活、建立新的人际关系、创造新的回忆，这将有助于他们更轻松地度过这些特殊的日子。最后这些新生活将赋予他们一个再次庆祝的理由，活着的亲人会发现他们再次体验到喜悦、兴奋和快乐了。尽管如此，他们仍然会在有些日子里经历一个悲伤的回潮。那是发生在这些"第一次"的日子里，活着的家人在失去至亲后第一次经历人生的重要转折或是重大事件。你会经常听到那些死者亲属十分重视这些"第一次"：

"这将是我没有爸爸过的第一个生日。"

"这是我们没有我们的儿子保罗过的第一个圣诞节。"

"这是我一个人单独过的第一个节日。"

"这是我没有母亲的帮助生下的第一个孩子。"

"这将是我失去丈夫后参加的第一场婚礼。"

无论这件事是发生在他们失去亲人的1个月、2年或10年后，从本质上来看它都是你离开后"第一次"发生的事情，因此它注定会为你活着的亲人带来悲痛的影响。这些事情往往会发生在人们所认为的"可接受的"为期12个月的悲伤的时间框架以外。因此，聚会者、朋友甚至家人可能会无视或者没有意识到这些事对他们来说是多么痛苦。抱着为他们提供帮助的意图，其他人可能会提供一些用心良苦的建议，如：

"好了，已经好几个月了，你一定要现在悲痛吗？"

"别毁了大家的一天。"

"你还有你的儿子，今天是他的特殊日子。"

"这是你的生日，高兴点！"

"走出来——你需要振作起来！"

"他们希望你玩得开心。"

"请不要哭泣，你会让大家都跟你一起难过的。"

尽管出于好意，但这样的建议是非常不合时宜的，这会伤害死者家人的感情，或者让他们感觉自己已经被完全误解。在这种情况下，你选择的那位心理导师可以再一次成为你活着的亲人的救世主——作为了解这些"第一次"对他们带来的影响的人，他能够产生同理心，帮助他们把重点放在这件事的更积极的方面，鼓励他们去回忆在以前的节日庆祝活动中的那些欢乐的时刻。

然而，能够帮助他们的人不仅仅是你找的心理导师，你还有很多办法可以给予你的亲人鼓励，帮助他们减轻在这些"第一次"中承受的痛苦。你可以留下一份特殊的礼物，这能够帮助他们想起你对他们的关爱。这件礼物是一份来自未来的惊喜———一份你买的、制作的或事先安排的东西，这样它就可以在未来的某一天，在他们真真切切地感受到你已经离开的时候，被传递到你的亲人手中。

想象一下，多年以后，你的孩子收到了你留下的这份小小的惊喜，你在信中、谈话中或视频中留下了对他们生日的祝贺。想象你的丈夫或妻子收到了一首诗或一份礼物的画面，这个惊喜一直被小心翼翼地保存着直到某个特殊的纪念日，他们才得以用热情的双手接过这份惊喜。设想一下你的女儿正在举办婚礼，当她收到一份你留下的来自未来的惊喜时，看看她脸上洋溢的笑容，其可能是一束美丽的鲜花，或一个承载着对她拥有美满婚姻的祝福的纪念品。

当下面的这些"第一次"发生的时候，你的亲人会非常感激在这样的日子里得到一份你留下的惊喜。但是，如果有些日子在你的信仰或传统中是特别的，那么显然在这些日子里你活着的亲人也承受着巨大的悲痛：

- 考试、毕业和重要的测试。
- 在学校的第一天或工作面试的第一天。
- 母亲节、父亲节和情人节。
- 怀孕或生孩子。
- 纪念日、订婚和婚礼。
- 特别的生日：16岁、18岁、21岁、30岁、40岁和60岁。
- 基督教洗礼、坚信礼和其他仪式。
- 犹太女孩成人礼、犹太男孩成人礼和其他成人礼。

- 排灯节、斋月、逾越节、赎罪日和光明节。
- 圣诞节、复活节和新年。

一个勇敢的举动

你的亲人会产生什么感受，在于"你留下了什么"作为未来的惊喜。的确，这取决于你投入了多少时间和精力。如果你剩下的时间不多，那么你需要采取一个真正勇敢的举动去创造这份未来的惊喜，就像约翰·赖斯一样——他被诊断出脑内有一个不能切除的肿瘤。约翰只剩下一两个月，甚至也许几个星期后他就要离开人世了，因此他决定给他的小儿子费利克斯写一些信。在《卫报》发表的一篇文章中，他的妻子马德琳描述了约翰留下的这份未来的惊喜给她的家庭带来的影响：

"我想约翰写这些信的时候想独自一人待着，但我当时不可能离开他。那些最后的话都是非常隐私的。他必须在一个下午就把他离开的这些年的话都写下来。他只打算写三封信：一封写给费利克斯的13岁生日，一封是18岁生日，然后很奇怪，一封是19岁生日。我想可能是因为距离菲利克斯满21岁还太遥远了。约翰在费利克斯快满4岁的时候安静地离开了人世，自此这3个蓝色的信封就在我的抽屉里放了10年。我时不时地就会把它们拿出来看一看。看到约翰的笔迹总是会让我一阵惊愕，这是出于一种认可。有时候我会想是不是应该把它们打开看看里面写着什么。我非常担心，因为当时他已经病得很重，被药折磨得不成人样了，我担心信里面的内容可能会语无伦次、令人害怕。我担心，因为费利克斯对于父亲的事记住的甚少，所以他可能无法理解这些信所表达的含义。但这些信不是给我的，我不能打开。在费利克斯的13岁生日那天，我一直等到只剩下我们两个人。费利克斯很犹豫，他有点害怕。我感觉到打开信封后他长长地舒了一口气。那是一封充满爱意的信。在信中约翰提到了所有该说的事情，13岁是一个重大的生日，他希望费利克斯是高兴的，他希望费利克斯知道自己一直被爱着。费利克斯说：'我感觉他在和我说话。'然后我们俩一起哭了一会儿。现在费利克斯17岁了，很快我就会把第二封信交给他。我不知道这里面写着什么，但我深信约翰早已想好了合适的话语。正是最后这个勇敢的举动，这个比任何的坚韧都更加勇敢的举动，让他能够设想出没有他亲人如何继续生活，让他为我们留下了这份装满爱的小小时光囊。"

这些充满父爱的信对费利克斯而言是一份无价的礼物，但很显然这些信也帮助约翰在自己的离开中获得一丝平和。然而，有的人可能会好奇，如果当时约翰有更多的时间，他会怎么做。约翰最初很有可能并没有打算去准备这个未来的惊喜，因为和许多人一样，他认为他拥有世上所有的时间，或者他害怕死亡，所以想要一再推迟为死亡做准备。推迟准备的问题在于，疾病、药物治疗和衰弱症状可以让你最终无法建立或计划一份未来的惊喜。如果你一直推迟准备这份惊喜，想着最糟糕的情况永远不会发生在你身上，那么当你的生活被突然缩短时，你的亲人就很有可能两手空空地面对你的离世。可悲的是，当这种情况发生的时候，孩子们遭遇的痛苦

第六章　未来的惊喜

是最重的，因为他们更需要一个不断的纽带和一份包含父母的爱的礼物以获得鼓励和支持。

位于美国俄勒冈州波特兰的道奇创伤儿童和家庭组织中心的执行董事唐娜·舒尔曼说："对于一个男孩而言，那样一份惊喜意味着在一台回答机器上保存母亲的声音很多年。"她补充道："孩子们有着异常强烈的想了解死者的一切的欲望，否则他们只能拥有一些关于死者的回忆。"这就是为什么你该好好想想留下一份怎样的未来的惊喜。即使你的身体非常健康，你也可以花一个下午的时间写一些简单的充满爱意的信——就像约翰·赖斯，或者比利·艾略特的母亲那样。把这当作一份"以防万一"的礼物，把它存储起来以保证你的家人，尤其是你的孩子在那些"第一次"到来的时候能够拥有这样一份惊喜。

虽然这听起来很容易，但你可能要克服有一天你无法参与这些场合的令人绝望的想法。你还记得我说过创建一份属于你的爱的遗产需要勇气吗？没错，这正是创造一份未来的惊喜所需要的。在你思考为你的亲人留下什么惊喜的时候，你必须把焦点放在他们需要什么，而不是你想给他们什么上。一旦你成功做到把焦点从你自己转移到别人身上，并开始专注于他们的未来，而不是你自己的未来，你会发现那种绝望的感觉渐渐消失了。为他人减轻痛苦获得的回报，是一种更深层次的精神和平和一种有所作为的满足感。创建一份未来的惊喜，你并不是在诱惑命运或承认失败。你所做的是勇敢的、令人钦佩的、善良的和充满关怀的，它会为你的亲人带来比你想象中更多的快乐。

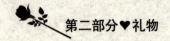

　　我举出的关于未来的惊喜的例子大多涉及信或简单的信息，但显然你不必局限于此。只需一点点的远见和智慧，你就可以准备一份能够确实为你的亲人带来欢乐的惊喜，你可以根据亲人的爱好、愿望和需求来准备这份惊喜。我常常和人们一起，帮助他们做到这一点，他们的创意总是让我感到惊喜。有一个我叫她瑞秋的女子，想为她的妹妹留下一点特别的东西，于是她根据妹妹喜爱收集手镯的爱好设计了一份未来的惊喜。她买了十个小小的手镯，每一个都象征着她与妹妹共度的一些具有特殊意义的日子，并把它们分别夹在十张生日贺卡里。她把这份惊喜放在了她的律师手中，她的律师同意在她的妹妹安每年生日的时候把这些生日贺卡交给她。

　　当我与安交谈，问及她的体会时，她说："我总是对收到这些小惊喜感到很兴奋。它们唤醒了许多美好的回忆，让我感觉她好像还在陪伴着我。"这些礼物是安的恢复过程中的一个重要部分，为她留下一个不断的纽带，永远提醒着她姐姐有多么爱她。

你可以来点特别的

　　瑞秋的礼物对于她的妹妹安来说是完美的，但一份手镯礼物对于一个十几岁的儿子来说毫无意义！如果你希望你的这份未来的惊喜得到赞赏的话，你必须好好思考所爱之人的需求、爱好和兴趣。为了给你提供更多的灵感源泉，我在这里说说其他人准备的惊喜。首先是罗杰，他正在为他6岁的儿子准备一份未来的惊喜。罗杰55岁时才拥有这个儿子，由于他的家人都患有心脏疾病，他开

第六章　未来的惊喜

始对自己的未来担心。虽然他现在身体十分健康，但他已经开始提前为那个"假如"做准备了，因为罗杰知道，也许当他的儿子毕业的时候他就该离开了。罗杰说："我知道有一天我的儿子会去上大学，但作为一个大龄父亲，我想我可能看不到他毕业了，所以我想为他留下一份未来的惊喜，在他身边帮助他一起庆祝。"

罗杰希望他的儿子知道，无论他选择走怎样的人生道路，他都一定能够成功。他说："我想让他知道我会为他而感到骄傲，不论他做什么我都爱他。我已经和我的妻子商量好了，她比我年轻得多，所以我们预计儿子毕业的时候她会在儿子身边把我的这份惊喜交给他。我们已经计划好在他的第一所学校举行一个大型聚会——那里是为他打下教育基础的地方——我们要邀请他所有的朋友、老师和导师，他们每个人都在不同程度上造就了今天的他。"

罗杰花了很多时间准备这份未来的惊喜，并且还准备了惊喜中的小惊喜。他解释说："我们将邀请一个乐队向他演唱我最喜欢的歌曲，由皇后乐队演唱的《我们是冠军》。每当我在生活中努力挣扎时，我就会播放这首歌，它总是让我的心灵得到放松，让我相信自己。我想与他分享这一切。"

虽然罗杰的这份未来的惊喜看起来相当精致，但你只需记住你不必遵循任何规则。每个人的爱的遗产都是独一无二的，你的这份未来的惊喜应该是适合自己和你活着的亲人的。罗杰的这份惊喜涉及大量的组织工作，并且他很幸运，他有一个团队可以依靠。你可能没有这种奢侈的惊喜，或者你在准备这奢华的惊喜时可能会遇到障碍而被迫放弃，如预算有限，或缺少时间组织。如果这些对你

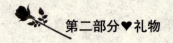

来说的确是个问题，你或许能从可爱的路易丝那儿借用一两个想法——她是一名年近40的已婚妇女，没有孩子，但她患上了一种罕见的疾病，这意味着她将很快离开她深爱的丈夫。对于她的那份未来的惊喜——为丈夫准备一个结婚纪念日礼物，路易丝有一个强大但简单的想法。路易斯说："我想让他能记住我。我打算给他一棵橡树树苗。这样他就可以种植这棵树，这象征着逐渐成长的希望。我认为通过观察树的生长，将有助于培养他的耐心，让他在生活中慢慢克服失去我的悲痛。春天，当树芽萌发的时候，它会提醒他无论什么都有再生的时候，总有一些新的东西可以期待。"

凯蒂有一个类似的想法。她也即将离开一位长期的伴侣，她希望她知道，她将永远爱她。她计划了一个惊喜旅程，由她的弟弟安排行程，资金来自于她从每月的工资中节省的钱。她希望她的伴侣会在她离开的第二年完成这趟旅程，理想状态是在她生日的时候出发。凯蒂留下了一些具体的指示，说她可以找人陪她完成这趟旅程，因为她不想让她感到孤单。这份未来的惊喜是为期一周的巴黎之行，这是她的爱人一直梦想游览的地方。凯蒂还在她的袖子上准备了另一个小惊喜："不论是谁陪她去这趟旅程，都会被（我弟弟）要求带她到埃菲尔铁塔顶端，并交给她一封我写的信。我写这封信和规划这趟旅程的时候十分开心。我不会告诉你，当她打开这封写给'我唯一深爱的人'的信时会多么开心。"

每当我帮助我的顾客计划他们的未来的惊喜时，我都会被他们的创意和这些礼物中承载的爱所感动。这看起来可能让你感觉莫名其妙，但实际上它与你在其他任何场合中制造的惊嘉没有什么不同。例如出于某种原因你无法参加聚会，这可能是因为工作、旅游并发症或者是因为你住得太远。在这种情况下，最起码你可以准备一份小礼物化解你的缺席为其他人带来的困扰，但如果那是一个非常特殊的场合，那你可能需要花费比较多的时间和精力去对你的缺席做出补偿。

最后一个例子来自一对夫妇，他们和罗杰一样，目前并没有任何身体疾病。他们都是服务行业中的积极分子，经常被外派出差。他们担心的是那个"假如"发生在他们其中一人身上，或非常不幸地发生在他们两人身上时，他们的十几岁的女儿的未来。当我与他们分享关于创造一份未来的惊喜这一想法时，他们俩都非常兴奋。这对夫妇有一个美满的婚姻，这是建立在他们共同的兴趣爱好和工作领域之上的。他们希望女儿最终能够找到一个深爱的人，然后当女儿决定结婚的时候，他们希望女儿的婚礼会是非常特殊的。他们一听到"未来的惊喜"这一概念，就立即想出了一份绝佳的礼物："我们为她的婚礼准备一些特别的东西。我们可以设立一个基金用来购买她的婚纱，那么，即使我们还在人世，那件婚纱也会在她的婚礼之前就被买下来。无论最终会是哪一种结局，我们相信她都会很开心的。"这对夫妇继续聊着，妻子指出："我希望她不仅仅拥有一件婚纱，我们应该各自给她准备一些更有意义的、更持久的、更特别的东西，虽然我还不知道该准备什么好……"

我们随后又聊了一段时间，我与他们分享了我的一些客户提出的想法，然后他们有了想法："一个小盒。里面放着我们的照片，外面则是我们俩的题词。用几句话作为对他们婚姻的祝福！"我不知道这对夫妇是否真的准备了这样一份未来的惊喜，但从他们的兴奋程度来看，我猜测他们已准备了。这样一份充满爱意的礼物和这个想法本身似乎减轻了他们从事这样一个高风险的行业而对女儿产生的罪恶感。准备一份未来的惊喜这个想法给了他们一次以防万一、做最坏的打算的机会。你可以从这对夫妇身上获得一些灵感，或者参考下面的一些建议，以帮助你决定为你的亲人准备一份怎样的未来的惊喜：

- 珠宝首饰，你可以很容易地在上面刻字或者镶嵌照片，其可以是一个小盒子或手表。
- 一封信，最好是手写在漂亮的信纸或一系列卡片上的。
- 一首歌曲，由乐队进行演奏，或刻录在CD/MP3中随后再交给你的亲人。
- 在生日、纪念日和情人节送花。
- 树或者植物之类会逐年成长的东西，让你的亲人总是能想起你。
- 为一个重要事件设立基金：大学毕业、婚礼、买房，甚至旅行。
- 一个在特殊日子记录下来的充满爱的视频或一系列充满爱的照片。
- 一份由别人读给他们听的演讲稿，譬如在婚礼上、毕业典礼上或其他特殊的日子。
- 一只长筒袜，这可能会非常受欢迎，尤其当这是你们家的圣诞节传统时。

- 收集家传秘方。

如果你的想象力还是没有被激发，那么我建议你看看这两部电影《附注：我爱你》《超级礼物》，或者你可以去看看这本书后面的推荐阅读部分。你会看到许多能够启发你的灵感，给你一个更好的关于如何帮助你活着的亲人挺过那些艰难的"第一次"的想法。你只需记住，无论你选择做什么，它都将毫无疑问地向你的亲人传达一件他们最想听到的事——在你准备的这份未来的惊喜背后隐藏着的内在含义就是，即使你离开了，也仍然关爱他们。

第七章

人 生 故 事

知道我们的过去，我们就能在面对现在的困难时找到力量和智慧。

——格特鲁德·韦伊，政治活动家

又一个家庭假日到来了，人们都聚集在一起，围着一碗花生和一些啤酒聊着天。鲍勃叔叔开始讲述他是如何透过父母的大篷车窗户用一瓶廉价的葡萄酒和一句莎士比亚的诗向玛丽阿姨求爱的，随后他的眼神开始变得绝望起来。然后母亲也加入回忆，她说："你还记得乔治很小的时候，他有一次走到邻居家，身上什么都没穿，除了他父亲的那双超大号鞋吗？"随后就听见十几岁的乔治非常尴尬地大叫道："不！妈妈，闭嘴！"

并不是每个人都明白这样的家庭琐事的宝贵之处。在未来的某一天，这些人——你的子女、孙子孙女，甚至他们的孩子——会希望鲍勃叔叔和母亲都还在那儿与他们分享这些故事。了解父母、祖父母和曾祖父母的生活中这些有趣的方面能够为家庭的历史增添色彩，增进彼此间的情感。有一天，你的亲人会希望知道很多关于你的事情，以及你做的选择对他们产生怎样的影响。你的人生故事将有助于他们明白他们为什么要这么想、这么说、这么做以及相信自己所做的事。

分享你的经验和智慧之语

讲故事是人类从一开始就会做的事情。如果不是年长者与年幼者分享他们的经验和智慧之语，人类不会取得这么大的进步。让知识代代相传，对我们的进化至关重要。然而我们已经不再像以前那样重视把年长者的故事转述给年幼者。在当今以年轻为主、快节奏的文化中，这已经落伍了。年老者的故事往往被忽视，被冠以无价值的、不相关的和落伍的头衔。

正是这种想法让我们陷入了困境，因为我们错过了这一传统带来的许多好处，这些好处不仅是对那些传递智慧的人而言，而且也是对那些倾听者而言的。对年幼者而言，当他们提前了解了那些已经发生的事情，他们就获得了对这个世界的一个总体认知、参考框架，并在一定基础上理解了世间万物的由来。对于那些分享他们的经历或讲述自己的故事的年长者而言，回忆过去具有一定的治疗效果，这可以帮助他们找到人生经历中的意义所在，获得一种人生的完满感。

故事也是一种教会他人特定技能的强大的工具，它可以帮助年轻的一代获得征服世界所需的智慧。很多时候，年幼者必须自己学习克服困难，从自己的痛苦经验中吸取教训。但事情本可以不是这样的。他们本可以从你的经验和犯过的错误中吸取教训、获得收益。相比他们而言，你更年长、更具有智慧。你已经学会了如何在生活中做出更好的选择。你已经发现了让生活更轻松的秘诀。你的这些知识可以帮助你的亲人走上通往快乐成功生活的快车道。请记住电影《我的一生》中的鲍勃是怎么做到这一点的，他与儿子分享了一些他已经学会的技能，如教他如何做意大利面、迅速启动汽车以及如何跟别人更好地握手。

我们每个人都可以像鲍勃一样，除了那些在我们的有生之年产生的文化进步和社会进步，还可以与年幼者分享我们获得的智慧、分享我们从工作和爱好中学习到的感悟。通过分享我们的家庭故事、宗教信仰、习俗和传统，我们可以帮助活着的亲人更好地了解自己的历史、个人生活和人际关系。这也有助于增强爱的纽带，加深他们与你的共同回忆。这会鼓励他们了解前几代人获得的成就为今天的他们带来的影响。掌握了这些信息，他们就可以更好地继承并保持你的家族或地区代代相传的传统或习俗。这会给他们带来一种归属感和文化的延续性，让他们感觉自己是和一个更大的、更具智慧的、优秀的大家庭联系在一起的，当他们在承受着丧亲之痛带来的孤独感时这种感觉尤其强烈。

不要因为你的亲人没有提过这样的请求就认为他们不会理解你的人生故事。当你离开人世之后，甚至连十几岁的乔治都会想要花一个下午的时间，回忆他穿着超大号鞋子的经历！我们都有着一种与生俱来的了解过去的渴望。我们希望了解我们的家庭——他们以

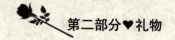

前是怎么样的，他们喜欢或不喜欢什么，他们在哪里工作，他们信仰什么，他们学会了什么，他们的人生目标是什么。《美国安联遗产研究》的第二章中提到，研究人员发现，年长者并没有（如你想象的那样）请求给予"人生价值和经验"，相反在参与这项研究的人中，那些年轻人对此更渴望。其中75％的人表示，他们希望父母留下一本回忆录和智慧之语作为一部分永恒的遗产。他们并不一定知道的是这个请求父母分享他们的人生故事的举动，也同样有助于他们的父母。对年长者和那些即将走到生命终点的人来说，痛苦主要来自于他们认为自己似乎虚度了一生、碌碌无为。克里斯汀·普查斯基博士是一名在精神健康与健康治疗结合方面获得国际认可的头号专家，她在她的启蒙书《聆听和关心的时光》中写道："人生意义和目标是所有人追求的东西；找不到人生意义和目标就可能导致抑郁和焦虑。"我们越接近终点，就越会追求人生的完整性，这使得我们回顾过去并问自己：

- 我在这里干什么？
- 我做了什么有意义的事情？
- 我存在的价值在哪里？
- 我认为重要的东西是什么？
- 我学到了什么？

我们想知道这些问题的答案。如果我们找不到自己的存在价值，那么生命就显得毫无价值，我们会在精神和情感上感到痛苦。我们的生活必须拥有意义。在与那些生命即将走到终点的人交谈时，普查斯基博士常常发觉："最常见的精神问题包括缺乏人生意义和目标、无望、绝望、内疚或羞耻、缺乏与其他人或上帝的联系、憎恨上帝或其他人以及被上帝或其他人遗弃的孤独感。"我们需要找到人生的深层意义。如果我们能在最后的日子里避免经历不必要的痛苦，找到心底的那丝平和，那么我们的人生就是有意义的。该如何做到这一点呢？答案在我们已拥有的东西中，如老年学家加里·肯扬和威廉·兰德尔在《重新谱写我们的人生：通过自传式反思获得个人成长》中描述的那样：通过自我反思而成长。"到最后你会发现，人生的意义和治疗悲痛的方法就来自我们已拥有的东西。它存在于（主要是未开发的）我们自己的人生故事的素材中，存在于多年来累积在我们身上、在我们的内心深处编织着的、蔓延的、多层次的脚本中。"

完成生活的圈子

通过反思我们的经历、价值观和学到的经验教训，我们可以在我们的生活中找到更深层的人生意义，但只有当我们与他人分享了这方面的知识，我们才能完成这个生活的圈子。当你回顾你人生中发生的事情时，你可能会注意到，即使在那些艰难的时刻，那些你挣扎和痛苦的时候，情况其实也没有你当时想的那么糟糕。在某种程度上，这些挑战帮助你打开了另一扇门，让你不得不成长，或者它们帮助你建立了更坚定的信仰，或者在某些方面给予了你从未有

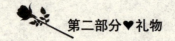

过的力量。当你向别人转述你的人生故事时，你可能会发现其实你不是受害者，更确切地说，有些时候这是你自己的责任所致。或者，当你在思考你的人生是否有意义，并且疑惑是否会有人记住你的时候，你会发现即使你的一个善意的微笑也能照亮某人的一天。

这种对自己进行反思，与他人分享自己的成就、胜利和失败、获得的知识、去过的地方和做出的贡献的举动是创造一份属于你的人生故事所必不可少的。完成这些，你就为这些构成你的人生的特殊经历赋予了意义。当你思考如何把你学到的经验教训交给别人的时候，你会发现你失去的或得到的那些东西，现在对其他人大有好处。当你看到你的经历，不论多大或多小，确实为别人带来了好处，你会发现一件非常重要的事：无论你在人生前进的道路上拥有什么错误、遗憾或失望，对于某个人来说，你的人生永远是珍贵的。

我们大多数人的生活经历都以不同的形式被捕捉了：在我们的感情或回忆中，或被记录在信件、文件、诗歌和日记中。有一天，你活着的亲人会对这些被捕捉的经历产生极大的兴趣。有一点很重要，你应该好好保存这些经历，把它们纳入到你的爱的遗产中。请不要让它们一直尘封，被遗忘在储藏室、地下室，或你的心灵深处！当然，你可能不太喜欢让别人翻看你的回忆录和个人物品。请尝试着去想一想这些宝贵的遗产将给你的亲人带来多么巨大的喜悦，并且你要知道，当他们得到这些遗产时，你的尴尬会消失得无影无踪。

发现母亲的日记后，弟弟和他的未婚妻在一个冬天的夜晚相互依偎着，看母亲在青春的尾巴做过的那些荒唐的事。如果母亲知道他们正在读着她是如何被一个魅力十足的小伙子"亲得火热"，我想她的脸肯定会红得跟苹果一样。但是，如果当初她为了避免尴尬修改了这段经历，或更糟糕，把它删除了，雅各布的准妻子将永远不可能了解她的这位准婆婆是什么样的人。多年后，这个场景可能就会变成，你的孙子正坐着阅读他们的祖父母玛丽和鲍伯的光荣事迹。试想想，他们该有多快乐！

　　显然，日记并不是分享你的人生故事或经验教训的唯一媒介。但是它们的确能够诚实地反映它们的主人过着怎样的生活，这使得它们很难被抹除。如果你对于与别人分享你生命中的某些情节感到担心，或者你有一个宁愿永远保持尘封的秘密，那么你可以选择以另一种形式分享你的故事和经验教训，你可以对你想要保密的东西进行编辑。或者，你可以把你的人生故事写成一本自传或一系列短篇小说。你也可以用相机记录你学到的那些经验教训，制作一系列纪录片风格的短片或视频。

让我们来听听你的故事

　　你可以用很多方式来讲述你的故事。如果你有艺术倾向，那么一个剪贴簿、写真集或蒙太奇可能是较好的选择，如果你特别有才华，那么你甚至可以自己绘制一系列卡通画。我通常用来帮助别人分享他们的人生故事和学习到的经验教训的媒介有：

- 短篇小说
- 拼贴画
- 自传
- 音频录音
- 画作
- 写真集
- 网站

- 动画片
- 电影
- 回忆录
- 期刊
- 诗歌
- 剪贴簿
- 剧本

不要以为你无法行动起来是因为死似乎还离你很远。许多人会每天一点一滴地记录他们的人生故事，他们会用视频和照片来捕捉具有特殊意义的教训和重大事件。他们这么做是因为他们担心自己的记忆会衰退，然后他们经历过的事情会慢慢淡化成为一团模糊的记忆。他们这么做很聪明，因为随着你逐渐老去或患上某种疾病，你会越来越难以回忆起自己的过去，因为身体的衰退可能会阻止你进行回忆或清晰的交流。

在你开始准备你的人生故事前，想一想你拥有的时间和资源，想一想哪种形式最适合你的亲人。如果你的亲人中有非常年幼的儿童，那么把你的人生故事写成一个鼓舞人心的故事或一本短篇小说集会是很好的选择，但如果你的家人都已经长大了，自传体的形式可能更加合适。你可以以顺叙的方式，把最重要的事件或经验写在前面：你的早年、你的教育、你的婚礼、拥有孩子后的生活……你甚至可以添加插图和照片——一张发型可怕、衣着十分时尚的青少年时期的你的照片肯定能够获得一片笑声！把其他家人对你的人生故事的不同角度的看法纳入这份人生故事中，会使得你的礼物更有深度、更加全面。拿上笔、纸、录音设备或摄像机，对你的亲人、同事和朋友进行采访。有些人一开始可能会有点沉默寡言，一旦他们进入状态了就会开始说个没完。每个人都喜欢与别人分享好故事，尤其有一瓶可乐或冰啤酒的时候！

　　如果你已经写了回忆录或自传，你会想要把它印刷出来而不是让它埋没于一堆积满灰尘的文件夹中。现在有许多各式各样的按需印刷设备，俗称为POD印刷，可供选择。通过这些设备，你可以以非常低的成本印刷出一本书。你还可以使用一些软件，如苹果公司的iPhoto，或在线写真服务——如在线个人相册影库相簿网（Inkubook）或照片分享平台快门网（Shutterfly）——制作一本写真集。你只需在谷歌搜索引擎中输入这些名字，就可以找到一个适合你的工具。

　　此外，你还可以把你的故事和照片保存到CD或DVD中，把它们作为未来的惊喜之一分发给你的家人和朋友。如果你实在不认为自己是一名作家，你可以选择雇人来代笔，替你写下你的人生故事。有很多媒体组织可以选择，他们会通过视频与你进行交谈，捕捉你的经验教训和智慧之语——你可以在这本书后面的推荐网站部分或www.realizethegift.com上找到一些组织和机构。

　　你还可以从贝基·威廉姆森那儿得到点启发。贝基·威廉姆森是一名英国青年，她死于肺癌，把心爱的3岁的女儿康特尼孤独地遗留在这世上。贝基相信，她的女儿应该像所有的孩子一样，知道她的母亲是谁、信仰什么，最重要的是她的母亲是多么爱她和她是

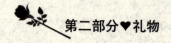

多么难过失去了看女儿成长的机会。在她的癌症早期阶段，贝基开始拍摄她与康特尼的生活。她录影超过100小时，创造了一份讲述她的人生故事的精美礼品，康特尼在几年后看到的时候一定会很珍惜这份礼物。

无论你决定使用什么媒介，请确保你记录下来的这个"声音"是你自己的。很多人会在尝试以这种方式来表达自己的时候，冒充别人的声音。我们这样做是为了保护自己，或让自己更好地接受这种方式，但你的亲人可不希望听到一个陌生的声音。如果你在写或说的时候的口吻，就好像在与一个你爱着并信任的人交谈时一样，那就再好不过了——这样你的"声音"听起来才是真实的。在脑海中勾勒出将会收到你的这份人生故事和经验教训的人的轮廓，想象你正在用最正常的"声音"和他们面对面地交谈——这才是他们想一遍又一遍听的。毕竟这是一份艰苦的工作，你应该希望你的人生故事被完好地保存并传递到你期望的人手中，因此，要把这份礼物留给一个值得信赖的人保管——你的律师、导师或好朋友。

你可能出于某种原因，认为自己太老了，记录自己的人生故事为时已晚。如果你真的这么认为的话，那么请留心看看我和祖母汉布列的这段经历。祖母刚刚被诊断出患有乳腺癌。她已经是94岁高龄了，所以我知道她所剩的时间不多了。我去拜访她的时候，做好了准备，我在书包里装着笔、笔记本电脑和一个带摄像头的可视电话。我们坐下喝茶，我问祖母是否愿意分享她的人生故事。她同意了。在接下来的两天里，我问了她无数关于她的一生的问题，我们一直谈到我们都累得不行了。她与我分享了她的一切，从她的初吻，到她失去至爱的丈夫和女儿，也就是我的母亲时经历的悲痛。我们边谈边笑，边谈边哭。我们谈到了她的第一份工作和她的故乡澳大利亚。她在26岁离开家乡去"跟随她的幸福"，在奥丽安娜船上航行了6个星期，随后她就可以嫁给我的祖父，这位她深爱的英国绅士。

她告诉我她非常喜爱音乐——但自我出生以来，我从未看到她演奏任何乐器或者在电台收听除了新闻以外的东西。这促使我去找了一些古典音乐，还有一台CD播放机，她说这是她最喜欢的音乐。在唱盘转动的空隙中，我注意到她褪色的蓝眼睛中闪烁着神奇的光芒。音乐停止后，我问她是否要关掉播放器，她回答："不！我想再听一遍。"然后我们又听了一遍。在安静而舒缓的背景音乐下，祖母听了整整一晚和第二天整整一天，翌日她就去世了。我非常庆幸我可以陪她走完最后一程，把她的故事写在纸上。从那时起，我采访了大部分家庭成员，我希望在时间还来得及之前把我的家族历史的剩余部分记录下来。我相信，在今后的日子里，我的孩子、孙子、曾孙会喜欢听到这些睡前故事，尤其是祖母汉布列的故事，以及她如何远涉重洋在6个星期后与她心爱的男人永远地厮守在一起的往事。既然我的94岁的祖母都可以创建她的人生故事，难道你们不行吗？

回答最关键的问题

现在既然你已经知道怎么留下你的人生故事了，那么你可能会疑惑你真正应该与人分享的东西是什么，你活着的亲人希望听到什么样的故事。你的整个故事如果完整地记录下来可能需要占据中央图书馆的几个货架，因此我建议你在开始之前，保留核心主题，找出有趣的部分。当然，你的人生故事和学习到的经验教训可以包括任何你选择的主题，但在理想情况下，你应该选择传达一些关于家族祖先、文化或传统以及你一路走来的经验教训的个人见解。这些见解最好能够帮助你活着的亲人，尤其是你的孩子，做出更好的人生选择。请记住创建一份属于你的爱的遗产并没有什么固定的模式，你只需做你感觉合适的。为了使你不至于遇到困难，我整理出了一个关键问题清单，回答这些问题可以帮助你更轻松地创建你的人生故事。你可以把这些问题作为指导或者让某人来对你进行访问。但是毕竟，没有人能比你更了解你的人生！或者，你可以选择在日记中回答问题，然后把这个日记作为未来的惊喜送给你活着的亲人。那么，让我们听听答案吧！

- 你生命中最难忘的时刻或事情是什么？你从中学到了什么？
- 谁一直是你心目中的英雄？为什么？
- 你从你的朋友和家人中学到了哪些价值观？
- 对你的家人而言什么传统或习俗比较重要？为什么？
- 谁是你最好的朋友？为什么？
- 你对爱和宽恕的理解是什么？
- 关于钱你体会最深的一点是什么？
- 你最大的成就是什么？

- 在你的一生中对你影响最大的事是什么？

- 在这世界上，你见过最令人开心的改变是什么？

- 你选择的职业道路是什么？你为什么这么选择？

- 你如何实现你的职业目标和愿望？

- 你最有创意的成就是什么？

- 你的精神信念是怎么支持你度过整个人生的，尤其是在那些艰难的时刻？

- 你最看重的人的三项素质是什么？

- 你从别人那里学习的最大的经验教训是什么？

- 在你的一生中，你的哪一项人格特质最让人难以接受？

- 你曾经出现过重大失误或做过错误的决定吗？如果有，你是怎么处理的？

- 你出国旅游过吗？如果有，你从不同的文化中获得了什么体验？

- 在你生活的方式中，一个年轻人能学习的3个最重要的教训是什么？

- 你爱自己和自己的人生中的哪些方面？

- 你能够提供什么专业的或亲手制作的礼物？

- 你的生活是如何变得与众不同的？

- 你将如何依靠你的遗产生活？

第八章

音 乐 记 忆

音乐表达了无法表达的感情，因此它注定不是默默无闻的。

——维克多·雨果，法国诗人

我一直惊讶于短短的几句歌就可以瞬间改变我的心情，把我从悲伤难过的情绪中拉出来，让我由衷地感到快乐！无论是一首简单的曲子或是一支完整的管弦乐合奏，音乐拥有改变我们的情绪的能力，它能引起一些强烈的情感反应——恐惧、兴奋、欢笑、泪水和内心的平和。看看那些青少年，你会发现他们观看音乐频道，往往是想缓解一下青春期的焦虑。音乐就像是一种调整情绪的药物——很多人对它终身上瘾。

这也许能够解释为什么据行业报告去年人们用于音乐的花费超过了170亿美元，以及为什么人们用于购买音乐的花费多于处方药！想必这其中是有一定原因的。不同于大多数药物或软性毒品，音乐带来的影响很少是负面的，即使在用苹果公司的便携式音乐播放器ipod传输音频的时候！事实上，根据音乐学家、神经科学

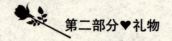

家、音乐家和心理学家所言，某些音乐确实能够对我们的心理和
身体健康产生积极的影响。音乐能够对我们的身体、情绪、情感和
行为健康产生一定的治疗作用。治疗师和一些组织经常利用这种作
用，运用歌曲处方去安抚、刺激或激励患者和他们的周围地区——
一个娱乐产业独占鳌头的区域。在认识到声音与赛璐珞片的正确结
合是任何影片的成功关键后，导演开始与作曲家进行密切合作，
仔细匹配着每一个音符和场景，以确保使观众产生预想的情绪反
应。如果这两者不一致，影片会产生截然不同的效果。

听！声音的力量

你还记得在詹姆斯·卡梅隆的史诗电影《泰坦尼克号》中，杰
克和罗斯倚在船头，罗斯温柔地亲吻杰克的手的那一幕吗？现在
假设我们把片尾曲席琳·迪翁的《我心永恒》替换成酷玩乐队的
《不要惊慌》，那浪漫的感觉应该会荡然无存吧？不相信吗？那就
试试在看大白鲨出现的时候把声音关掉。没有了约翰·威廉姆斯的
神曲"哒……咚，哒……咚"，你会发现那从深处浮现的一只只新
兴橡胶鳍看起来有点可笑，完全没有了斯皮尔伯格试图给观众带来
的恐惧感。一些公司已经在这方面花费了数百万以更好地掌握音乐
的力量。

一个快餐业巨头进行了一笔数目巨大的投资，研究音乐对客户
行为的影响。他们发现餐厅播放的音乐的节奏能够显著地改变顾客
对食品的消费。（下次当你在排队买一个汉堡时，不要惊讶于舒缓

的背景音乐被快节奏的舞曲取代，这能够让顾客更迅速地吃完他们的食物，为其他顾客腾出位子！）一些组织如伦敦地铁，早已将音乐的这种影响心情和行为的力量运用得炉火纯青。在第二次世界大战期间，在英国政府的指令下，令人振奋的古典音乐在各个站点被播放着，以鼓舞正在躲避爆炸的人民的士气。

难以置信，快节奏的音乐能够迅速照亮我们内心的阴影，驱赶阴霾。没有人能够例外。痛苦时，我们都试图用一首歌曲来逃脱。几分钟后我们会流下泪水，音乐让我们释放，释放出被压抑的痛苦。有些人会在一次非常糟糕的分手或听到其他一些令人失望的消息后通过音乐进行自我治疗。他们会长时间听像奇可·索尼的歌《大家跳起来》的那一类舞蹈音乐：

音乐从来不会让你失望，

带上你的笑容，

在任何时候，任何地方。

跳舞能够缓解你的疼痛，

抚慰你的心灵，

让你重新开心起来。

这样一首欢快的歌曲能够提醒我们生活还有许多更加光明的方面。我们跟着那激动人心的节拍起舞时，会发现坏事似乎并没有那么糟糕，我们总有翻身之时。我们大多数人都明确地感受到了音乐生来就有的这些激励作用，但我们并不明白为什么有些歌能够使我

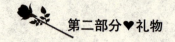

们的情感跟歌曲的情感"同步"。

音乐能抚慰他们的痛苦

在过去的100年中，科学家、心理学家、神经学家和音乐理论家共同在一个被称为音乐疗法的领域进行研究，他们找到了为什么"音乐能够抚慰我们的心灵，再次令我们感到欣慰"的原因。他们的研究以毕达哥拉斯的发现为基础，他被誉为音乐处方的开创者。约公元前500年，毕达哥拉斯在希腊特尔斐的一所古老神秘学校任教并实践他的音乐处方。他向学生教授了合适的和弦或旋律是如何对人体机能产生一定治疗效果的，音乐能够通过影响脑电波、呼吸和心跳加速身体愈合的进程，从而让病人健康起来。

几千年后，荷兰科学家克里斯汀·惠更斯把这定义为物理学的一个普遍原则，成为后来人们熟知的"卷吸"。卷吸作用是指震动强度不同的一个或多个对象最终会趋于一致，也就是说它们渐渐地从一种状态（不和谐）转变到另一种状态（和谐）。惠更斯是在设计摆钟的时候偶然发现这一现象的。他注意到当一定数量的摆钟放在一起时，它们的钟摆频率一开始并不一致，但几个小时后，所有的钟摆都会以完全相同的频率摆动。这一现象同样适用于当我们听到某些声音或听某一段节奏感强的音乐时，它们能够刺激我们的脑电波产生共鸣，让我们更加投入，思维变得更加敏锐。舒缓的节奏则能够让我们变得平静，或者进入沉思状态。这就是为什么当我们从电台听到某首歌曲时，我们的心情能够迅速由阴转晴。这同时也解释了为什么那些包含带有鼓舞人心作用的歌词的音乐能够激励人们进入一种更高昂的意识状态，产生勇气和创造力，而温和的曲调能够帮助我们放松，使我们变得更加平静、平和。这个过程也被称为ISO定则，音乐治疗师和音乐理论家（如毕达哥拉斯）把这一过程运用于病人身上，为他们的身心健康带来积极影响，帮助他们：

- 释放压抑的或者未表达的感情。
- 把负面情绪转化为积极情绪。
- 进入一种充满活力或平静的状态。

伦敦大学金史密斯学院的高级研究员托马斯·查莫罗·佩雷姆兹博士说："每个人，即使那些不爱好音乐的人，如果选择了合适的歌曲，都很可能被音乐感动。"他对人们通过音乐调节情绪的行为进行了广泛的研究，如在经历了痛苦的一天后用音乐自我鼓励或将音乐作为一种认知学习工具，其研究结果已发表在《英国心理学》杂志和《今日心理学》杂志中。美国音乐治疗协会在其报告中指出，承受着悲痛和患有抑郁症的病人对音乐疗法反应积极，其心理和生理健康状况得到显著的改善。音乐疗法对从悲痛中恢复健康至关重要，其作用包括：

- 压力减少，与压力相关的症状减弱。
- 记忆力增强。
- 沟通能力增强。

- 表达感情的能力增强。

- 感觉更加快乐、幸福。

- 创造力和自我表达能力增强。

- 情感痛苦和身体痛苦减弱。

对于承受着丧亲之痛的生者来说，表达和释放在反应和反思阶段时常出现的负面情绪如恐惧、愤怒、嫉妒、自责、遗憾、仇恨和内疚尤其重要。这些情绪往往会被隐藏起来，因为他们害怕这会给别人带来烦恼或者他们害怕与别人分享这样一个内心深处的自己。这些被压抑的负面情绪随后会带来身体、精神或心理上的问题，让丧亲者很容易带着未化解的愁思和异常的伤痛进入前述的危险区。在这种时候，音乐就可以开始发挥它的作用了，它能够帮助丧亲者打开枷锁，释放出那些负面情绪。你可以像一名电影导演那样，在影片中融入一段音乐或一首歌曲，以鼓舞你的观众——你那些活着的亲人。在你的爱的遗产中加入音乐，可以让你隔着阴阳之界抚慰亲人，鼓励他们自由地表达自己的情绪，减轻他们的痛苦，降低他们患病的概率。

音乐还可以帮助保持活着的亲人与你之间的纽带。随着岁月的流逝，珍贵的记忆开始慢慢褪色，但音乐可以帮助他们记录、保存和回忆那些和你一起度过的珍贵时光。我想你一定有过听着一首熟悉的歌曲，脑海中迅速浮现出与那首歌相关的记忆的经历。很快，你的脑海中就会充斥着那一天的画面、气息和感觉，比如你终于与爱慕已久的人在一起的那一天。还记得你们相拥起舞——也许当时的背景音乐是贝瑞·怀特的一首经典的爱情歌曲——月光透过窗户一泻而入，你们来回舞动着脚步共同构想着未来的情景吗？

让记忆保持新鲜

现在，把时间往前调30年。在过去的这30年里，你早已结婚、生子，现在你正出发前往最终的极乐世界。然后，事情变得艰难起来。你一直在争取和努力，你问自己："我们真的可以渡过难关吗，或者是不是该放手了？"然后有一天，当你过着自己的生活时，那个"闹事者"似乎搞起了一场音乐阴谋。无论你走到哪里，在加油站、超市甚至在医生的候诊室，那首歌都在播放。在一起的第一晚的记忆涌上心头——你们一起漫步回家的时候你身上穿的衣服、衣服上散发的诱人香气、你们的喃喃细语和那十指紧扣的感觉。当你在脑海中勾画出第一次拥抱时的情形，你会想起一切让你坠入爱河的因素，你意识到你永远不可能忘记那段历史，你的心跳漏了一拍，笑容在你脸上荡漾开来。你决定要变得更加宽容，更多地把那首歌当作你的精神良方。

难以置信，一首歌竟然能够如此轻易地触发回忆，但如果没有这样的一首歌，回忆通常很难被激发。这种记忆的流失随着时间的流逝，将给你幸存的家人带来挑战，那些曾经关于你的清晰的记忆——你的特质和对爱的表达，会变得越来越模糊。时间是一名伟大的医生，但它也可以是一股破坏力量，抹除连接你和你的亲人，尤其是你和你的孩子之间的很多重要联系。这对于那些承受着

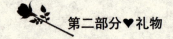

丧亲之痛的生者来说是非常令人沮丧和令人痛心的。不懂得在与自己有关的历史、人际关系和家庭中包含这样一个重要的组成部分，可能会严重削弱他们的归属感。在这点上，失去亲人的孩子所承受的远远多于失去亲人的成年人所承受的，因为他们与你创建共同回忆和联系的时间很短。在父母、兄弟姐妹、祖父母或外祖父母离世后，活着的亲人与他们之间的联系会迅速减弱，除非他们已采取一定措施加强和保持这份联系。通过音乐记忆，你可以帮助你的亲人好好保存这些重要信息，并唤起这些珍贵的回忆。

我是在给我的母亲准备一份感谢之礼后首次萌发音乐记忆这一想法的。在我的21岁生日即将到来的时候，母亲认为这或许是与我一起庆祝的最后一个生日了，因此她组织了一场大的生日聚会。尽管身患癌症，母亲却为这次生日聚会的准备投入了相当多的精力，这促使我开始思考该如何感谢她，不仅仅感谢她为我准备了生日概念，还感谢她在过去的21年里给我的一切。仅仅一份礼物是不足以表达我的谢意的。我想同她分享我的感激之情和信仰，告诉她我为她对抗癌症的坚强而深受鼓舞，告诉她我是如此幸运能够成为她的女儿。

尝试了好几天都找不到合适的礼物后，我记得自己当时想："也许一首歌是适当的？"于是在接下来的几天里，我在朋友收藏的音乐中筛选着，寻找那首最合适的歌曲，但很可惜没能找到。然后，某天早上，在我听收音机的时候我找到了那首歌。歌词的内容触动了我内心深处的那根弦，它表达了我想要表达的一切，但我不知道如何把这首歌作为礼物送给母亲。于是我请求我的女性朋友莎拉，询问她是否愿意在生日聚会当天演唱这首歌。她十分亲切而高兴地答应了。

那一天有50名亲朋好友欢聚一堂，用餐完毕后每个人都心情愉悦——这得感谢我的叔叔慷慨地提供了葡萄酒和香槟。是时候向母亲展示我的礼物了。房间安静下来了。我对坐在斜对面的母亲说："妈妈，我十分感谢你给予我的这些爱。在我心目中你一直是一个好榜样：你为自己所信仰的积极争取，与不公平做斗争。感谢你一直在我身边，尽管我在青春期给你带来了那么多的挑战！我无比感谢你为我所做的一切。这是我献给你的一份谢礼，以表达我的感激之情和对你的敬仰。"然后莎拉出现在舞台上，开始了她的独唱，以玛丽亚·凯莉的原版伴奏为背景，她唱道：

> 会有一位英雄向你走来，
> 带着继续奋斗的力量，
> 你会把恐惧抛开，
> 你知道自己能挺过来，
> 所以当你感到希望似乎破灭时，
> 审视自己，保持坚强，
> 最终你会发现自己的内心深处，
> 居住着一名英雄。

我被一股挫败感和涌上心头的悲伤所吞没，因为我知道母亲不可能战胜癌症，告别的那一天很快就会到来。泪水沿着我的脸不断地往下流。环顾四周，我发现不仅仅是我，几乎所有人都落泪了。歌曲一结束，掌声就如潮水般涌来，我走过房间去拥抱我心目中的那名"英雄"。我们相拥而泣，她低声对我说："谢谢你，亲爱的。不要忘记我是多么爱你。"现在，每当我听到《英雄》这首歌时，歌词总能让我放下手边的工作，脑海中全部被那一天的清晰记忆填满。我仿佛回到了她的怀抱中，看着她绿色的眼眸中充满了泪水，感受她那温暖的拥抱。我不禁嘴角上扬，因为这让我想起了她在世时那温暖的感觉。值得庆幸的是，因为我们用这首歌创造了音乐回忆，那一天的珍贵回忆一直保存在我脑海中，直到永远。

鼓动他们的情绪

随着日子一天一天地过去，我渐渐意识到曾经一家人一起听过的歌曲在潜意识里激励着我们。母亲十分喜爱唱歌，尤其是在我们进行长途汽车旅行时，但青春期的我们对此感到非常厌倦。由于母亲唱的都是音乐剧《猫》《南太平洋》和《音乐之声》里面那些冗长的歌曲，我们总是以手指紧紧堵住耳朵的方式表示对她的嘲笑！也许这就是为什么当时的我没有注意到这些母亲喜爱的歌曲中的隐藏含义。我自然也就没有想到这些歌后来对我会有如此大的影响力。我很惊讶，《南太平洋》中的那首著名的曲子《我决定把那男人从我的头发中洗掉》会一直伴随着我，它提醒我要保持坚强，并好几次帮助我从崩溃边缘恢复过来！

我还发现《音乐之声》中的那首插曲《翻越每一座山》，在凶猛如虎钳般的悲痛让我希望破灭时，成功地给予了我许多鼓励。虽然我没有从母亲那儿继承她的爱的遗产，那些她喜爱的音乐却一直在激励着我。因此，你也可以为亲人做这样一件事，选择一些拥有励志歌词的歌曲，帮助你的亲人从悲痛的负面情绪中走入充满欢乐、希望和启示的正面情绪中。试着寻找一首带有合适歌词的歌曲，提醒你的亲人"事情只会越来越老"或"总是寻找生活的光明面"。

你也可以从网络资源如苹果公司的iTunes商店中购买音乐，进行歌曲汇编，然后把这些歌曲刻录在一张CD上或者保存在便携式音乐设备如iPod或MP3播放器上（当然，你需要确保这不会侵犯任何著作权）。你也可以从任何音乐商店中购买你所选择的单曲或歌曲专辑。如果你正好是一名音乐天才，你还可以自己编写歌词、录制歌曲，把它作为一份未来的惊喜，在生日、特殊的纪念日或人生大事如婚礼或毕业典礼上送出。或者，你也可以雇请一个乐队，为你演奏你选择的歌曲。

无论你选择采用哪种方式创建自己的音乐回忆，请谨慎地选择需要承载一定含义的歌曲，因为一首好听的歌曲到了另一个人的耳中可能会变成一堆噪音。留心那些能够影响或安抚你的亲人的心情的音乐，仔细聆听你想要选择的歌曲的歌词。事先想想你的听众会如何听这首歌是十分重要的，因为他们很有可能会把这首歌当作你留下的最后信息。选择合适的音乐并不是那么容易的。"多年的研究经历告诉我，世上没有固定的处方、特定的音乐，能够让每个人都感觉更加良好、更加轻松。"苏珊·汉译如此说道，她是波士顿

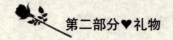

伯克利音乐学院音乐治疗部门的主席。她补充说："关键因素在于熟悉度、音乐品味，以及那首歌能够带来怎样的回忆、情感和联想。有的人通过古典音乐放松，而有的人则喜欢像穆迪·布鲁斯乐队那样风格的音乐。关键是你选择的音乐应带有自己的个性。"为了确保你选择的音乐是合适的，请问自己这几个问题：

- 你为什么选择这首歌？
- 呈现这首歌的最好的媒介是什么？
- 你的听众喜欢什么样的音乐风格？
- 这首歌将如何连接你和你的亲人？
- 这首歌会勾起甜蜜或痛苦的回忆吗？
- 这首歌对你或你的亲人有什么特殊含义吗？
- 这首歌将如何给予你的亲人鼓励？
- 歌词会给予你的亲人鼓励还是打击？
- 这首歌将对他们的自尊产生怎样的影响？
- 歌词能够帮助他们解除封锁的情感吗？

为你的音乐回忆选择歌曲可能是相对简单的，因为这是根据你的个人喜好而定的，但要选择能够激励情绪的音乐却是相对麻烦的。我们有这么多的歌曲可以选择，你很难知道哪些歌曲具有治愈、舒缓或激励作用。为了简化这个问题，我整理了最为有效的十大歌曲。如果你正在努力寻找合适的歌曲，你可以借鉴一下。

第八章 音乐记忆

十大歌曲

纳京高（Nat King Cole）的那首经典歌曲《无法忘怀（Unforgettable）》，用那如烟般的曲调来告诉你的老友，无论你身在何处，他们将"永远在你心中"。

罗伯特·西尔维斯特·凯利（R.Kelly）的励志歌曲《我相信我能飞翔（I Believe I Can Fly）》能够给予人力量，激励不同年龄阶段的人自信和自尊。

洛史·都华（Rod Stewart）的《永远年轻（Forever Young）》用舒缓的曲调向听众传达，你将永远相信他们。

班弗兹（Ben Folds）乐队的《总有人比你更酷（There's Always Someone Cooler Than You）》可以提醒年轻的听众，他们和身边的人一样聪明、有吸引力。

愤怒和怨恨是面对失去时的正常反应，尤其是当这种失去由偶然造成时。劳伦·希尔（Lauryn Hill）的歌曲《主原谅他们吧（Forgive Them Father）》可能是化解愤恨的完美解药。

克里斯蒂娜·阿奎莱拉（Christina Aguilera）的歌曲《心底的声音（The Voice Within）》唱的是一名年轻的女人应该相信自己的直觉，这首歌适合与你的女儿或女朋友分享。

"相信恐惧的眼泪"（Tears for Fears）乐队的《大声喊（Shout）》能够帮助你的亲人发泄自己的情绪——在独自驾驶时，他们可以把音量调到最大！

"集体灵魂"（Collective Soul）的一首歌问了对你的亲人来说最重要的一个问题："你会怎样去爱？"

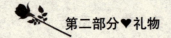
原本写给唱片公司的流行歌曲《你永远不会独行（You'll Never Walk Alone）》用于提醒你的听众，让他们保持心中的希望昂首向前走是再合适不过的了。

乔伊·库克（Joe Cocker）的歌曲《你是如此美丽（You Are So Beautiful）》说明，毫无疑问，在你的生命中，任何女人都会乐意收到这份礼物。

第三部分 ♥ 说再见

第九章

弄清你的愿望

死亡对智者而言从不是突然的，他们时刻准备着面对死亡。

——让·德·拉·封丹，法国诗人和作家

这些天来你有没有注意到，这本书中的所有内容都包括一份免责声明？这些声明往往带着警告的意味，其真正的意图并不是和往常那样，为提供服务的公司或个人免除责任。相反，这是为了保护你这样的最终用户。免责声明最主要的目的是让你知道其所提供服务的局限性、可能存在的风险，以及使用时可能造成身体或情绪上的伤害的可能性。很肯定的一点是，免责声明是一个好东西，提前了解这一信息能够帮助人们做出明智的决定，这样就可以减少出现意外或不愉快情形的机会。要是在我们降临人世开始这段称为"人生"的旅程时，也能被提前告知一份免责声明该有多好。这份免责声明可以是这样的：

（1）注意！进入后请自担风险，本声明仅供指导，不可用做

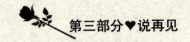

交易，也无需购买。请自行承担全部责任。在这场人生中任何的作为或不作为，都不会受到除你自己以外的任何人的指责。

（2）对于在这场人生中任何缺陷、错误或故障所造成的直接的、间接的、偶然的或必然的伤害，你同意承担全部责任。

（3）在这场人生中，你为自己的身体健康负责。身体每天的适当损耗是正常的。如果在你的身体无法支持你完成你的人生时，我们不承担任何责任，特殊情况除外。

（4）如果你需要任何关于人生的帮助，请咨询相关的专业人员，并听从他们的建议。

（5）你必须知道你的人生可能在没有任何警告的情况下，由于天灾、意外事故、不可抗力、政府机构的政策或公敌行为而随时终止，也可能自然地走到终点。在这种情况下，你无需承担由此可能给你的亲人带来一定损失、伤害的责任。

（6）在此你必须知道，如果你没有事先为人生的随时终止做准备，那么就会产生一个很大的可能性，你或者你的亲人可能会有一些意想不到的遭遇，这包括但不仅限于情感上和肉体上的痛苦。

不管我们乐意还是不乐意，我们都应该对自己还有我们的亲人负责。可惜的是我们并没有好好承担起这份责任。很多时候，人们不愿好好地接受建议，例如在前面的章节（第六章）中给出的那个建议，因此他们没有为死亡的降临做出任何准备和计划。也许这是因为他们还不理解他们的突然离去对家人和朋友造成的影响，或者是因为他们害怕"那一天"的到来，他们对死神充满了深深的恐惧。这种没有任何准备的做法，很显然将使你的亲人活在黑暗中——无依无靠，什么都不知道，并且很坦率地说，极度害怕。

责任在于你

通常，在面对这样一个重大的转变时，我们更希望能够提前获悉。我们事先对事情进行探究，这样才能做出最好的决定，避免决策失误以造成经济上、精神上、情感上或身体上的损失。这就是为什么我们像那些童子军一样，普遍拥有这样一种"做好准备"的动机，一口气完成所有的教程、说明书、课程、教学录像带和书籍，以更好地做好准备。只需在网上图书零售商亚马逊Amazon. com的搜索栏中输入"规划……"（生育、结婚、退休、离婚、搬家、新的工作或开始新生意），你会发现每一种都有数目众多的参考书可供选择。但是如果输入"规划死亡"或"为死亡做准备"，你会发现这方面的书籍很少。这未免有点古怪，毕竟在去年就有5600万人走到了生命的终点。"对于死亡的到来我们的准备是严重不足的。我们在简单的急救方面受到的教育要远远多于在死亡、离婚和情感损失上受到的教育。"《悲痛恢复手册》的作者约翰·W.詹姆斯和罗素·弗里德曼如是说。

也许这可以用于解释在一项盖洛普民意调查中，超过70%的美国人表示他们害怕在痛苦、孤独或没有机会临终告别的情况下死去。不仅美国人是这么想的。英国慈善机构"死的尊严"（Dignity in Dying）发布的一份报告显示，1/3的英国人害怕独自一人默默地

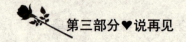

死去。然而，事情并不总是这样的。在不那么遥远的过去，大多数人在家中自然地生老病死，有家人和朋友陪伴。但是在过去的100年中，人们把死亡的场所从家里转移到了安老院、医院和收容所，人们也就失去了在亲密的家人的陪伴中走完人生的最后一程的机会。当然，我们在许多方面感谢这种"进步"，但是需要认识到的一点是，由于这种便利我们也失去了一些东西。对我们大多数人而言，这失去的东西是什么至今还是个谜。

在遥远的过去，人们十分重视死亡并为它的到来充分准备着，让自己的亲人在离开人世时享有最好的一切，他们相信人死后灵魂会经历一场轮回或复活，死亡或许只是从一扇门走向另一扇门。从约公元前1600年起，埃及人开始将食品、珠宝、雕像和教义纳入自己的葬礼中，其目的在于帮助死去的人在另一个世界更好地生存。他们的"快乐来世"指南中包括赞美诗、咒语、密码和线索，以帮助死去的人安全地进入芦苇场中，在那里死者可能需要神的保护，到达极乐的永生不朽的状态。这些指南最初被刻在墓碑上，随后人们将其写于卷轴中并放于石棺内。这被后人称为埃及的《死者之书》，直接的翻译是《未来之书》。基督教徒们对死亡更加重视。在中世纪受到黑死病的恐怖威胁后，他们编写了一本为人们如何"死得更好"提供建议的指南书，被称为《Ars Moriendi》，字面翻译为《死亡的艺术》。这本书写于约1415年，上面提供了面对死亡时在精神上、身体上、情感上和实践方面所做准备的建议。这本手册原本是用拉丁语编写的，后来被翻译成了当时流行的西方语言版本，分发给大众。不幸的是，这本伟大的书中所包含的智慧已经被遗忘和丢失了。但这并不意味着我们在那个"如果"发生的时候可以继续保持什么都不懂、毫无准备的状态，相反这意味着我们应该寻求新的方式来处理这个问题。

我的建议是追随那些领头者的脚步。当他们正在为一段新的征程或一个新的项目做准备时，他们的首要目标是为自己和自己的团队尽量减少风险。他们会进行教育、明确的沟通和评估，为未来所有可能发生的情况做出预测、研究、讨论并做好事前计划。这些领头者会向那些曾走过类似路线的人咨询，寻求方法以减少潜在的伤害或错误。他们希望能够找出一条更成功、更舒适、更安全的旅途路线。他们知道这样的一次冒险讨论很重要，这样成员们就可以相互分享他们的知识、恐惧和想法，而计划就得以审查，指导方针就得以树立，最合适的行动方向在得到一致同意后就得以建立。然后，当领头者认为他们已经尽最大的努力做好了前行的准备时，他们开始以平和的心态出发。当你在为那个"假如"做准备时，这就意味着你即将开始一场未知的旅途，把生命交到其他人的手中，你难道不会像这些领头者一样想要知道其中的风险和潜在的陷阱吗？你难道不想知道你的选择吗？你难道不想知道哪一位家庭成员是可以依靠的吗？你希望谁来陪伴你走完最后一程？你可以做些什么来让自己面对死亡的时候更加舒适？你可以把这些问题留到迫不得已的时候再问自己，但是这可能会为你和你的亲人带来很大的压力。你会选择哪一种：是像那些企业领导者为自己和自己的队伍在旅途中追求成功那样准备死亡的到来，还是继续当一个被动的旁观者，被动地接受死亡的到来，让别人来掌舵自己的人生？

领先者还是被动的旁观者

那些选择正视"它"的人做出了一个强有力的选择。通过为自己的离开制定了一个全面的计划，他们为自己选择了一种从容愉快的离开方式，从而避免了承受情绪的潮起潮落或生命的结束所带来的巨大压力的风险。他们意识到："死亡是一项艰苦的工作。"正如旧金山的禅宗临终关怀中心（Zen Hospice Center）的詹妮·弗布洛克解释的那样："这不是一个被动的过程。死亡是一个涉及生化、生理、身体、心理、情感和精神的过程。从疾病的试验和走向死亡的过程中可看出，病人并不是去往一个新的世界。"当一个人真正死亡时，那其实是一件非常温和的事情。但是此刻，我们为死亡做出准备是因为在走向死亡的过程中，无论是身体还是精神上都十分痛苦。大多数人很自然地认为死亡本身是不愉快的，但实际上在死亡到来之前和到来之时人们所承受的情感和心灵上的痛苦才是真正的挑战。尽管如此，我们中很少有人会为此做准备，除非出于迫切的需要，其或许是绝症的诊断，或者是因为我们从事的工作具有一定的危险性。

如果你选择忽略这个建议或者到最后一刻才进行准备，那就意味着你选择了承担巨大的风险。举个例子来说，假如我们一直在等待被诊断出疾病，或许等到我们已经非常年老了，那么很有可能我们会因压力过大而无法做出正确的决定。突然之间，我们开始与时间赛跑，我们得时刻保持警惕，恐惧压得我们甚至无法清楚地表达自己的想法。然后由于疾病我们的身体和精神受到严重的影响，状况变得更糟了，这并不是不可能发生的。你还记得你上一次感染流

第九章 弄清你的愿望

感吗？很难受，是不是？你可能会发现自己很难变得有活力，你做出正确决定的能力已经下降了。现在试着想象一下在罹患重大疾病时，尤其是需要服用吗啡一类的止痛药物或者依赖于生命支持仪器时，衡量一件事的利与弊或者弄清楚自己的愿望是一件多么困难的事情。我知道这个场景可能让你感到不悦，但我们必须花点时间来想想这个问题。

如果你遭遇了意外，那么责任就会落在你的家人身上，他们必须为你做出所有的决定，被迫回答无数专业人员提出的关于你的健康、治疗和护理的问题，与此同时他们还要设法应对这次意外带来的其他影响。你是希望躺在那里，无法表达自己的意愿而让其他人以你的名义做出决定（尤其是当你可以提前做好决定时），还是希望承担责任，弄清楚自己想要做的事情，为自己的离去做好准备？选择权在你手上。这其中有很多问题需要考虑，有很多问题需要回答。你希望在哪里走完人生的最后一程：家里、临终关怀场所或医院？你可以接受哪些治疗方式：药品、营养品、水合疗法或什么都不要？你打算对你的家人，尤其是年幼的孩子做些什么？你希望他们知道还是不知道你的离去？谁来照顾他们呢？对死亡的到来做出事先准备，以承担离去的责任实际上比看起来要容易得多。你可以通过三个阶段弄清楚你的愿望：准备阶段、离开阶段和善后阶段。

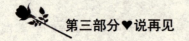

忠实于你的心

准备阶段——只有你能够做到这一点。为那个"假如"的发生做准备是你的责任。首先请想想如果你突然生病了或发生意外事故，你会优先选择什么。我列出了几个在这种时候通常要考虑的方面，当然你可能还有很多其他的事情希望考虑在内：

- 有什么发生在别人身上的事是你希望在自己身上避免发生的？你听说过什么让你真正感到害怕的事情？

- 有没有什么故事听起来并不是那么糟糕，你甚至想仿效那个人的做法？

- 你会编写一本健康指南或生前遗嘱，让其他人代替你做你无法做的事情吗？

- 你在什么时候会坦然接受死亡的到来？

- 你希望你的宗教派出一名代表或你的精神导师出席你的葬礼吗？

- 你知道为你提供长期治疗或临终关怀的医疗服务提供者的各项参数吗？

- 如果你正在接受治疗，谁来照顾你的家人或宠物？

离开阶段——很显然你并不知道自己什么时候会离开，但是这并不妨碍你为自己设想一个"美好的"、优雅的离开方式。这其中有很多方面你都可以提前设想好。你的首要任务是确认减少一切精神上、情感上或肉体上的痛苦。毫无疑问，你希望能够保持自己的尊严和隐私，你希望能够舒适地离开，尽可能地保持内心平静。

　　想象自己在一个安静的地方，可以是在临终关怀场所，也可以是在自己家里，最重要的是这个地方要舒适、安全，能够为你和你的亲人提供很好的关怀。在这里，你可以由朋友和家人陪伴着，自由地分享你的想法和担忧，还有优秀的护士对你进行良好的照顾，与你分享你在情感上、精神上以及肉体上承受的痛苦。只要你愿意做进一步的探索，你会惊讶地发现有许多地方可供选择。你甚至可以亲自去当地的医院、临终关怀场所或养老院进行视察。当然它们不可能都投你所好，这就是为什么在现在、在你有时间和精力的时候，你应该去看看这些地方，选择一个最适合你的。

　　请牢记一点，今天你认为合适的地方可能会随着明天情况的改变而变得不合适。因此，你的选择可能并不是随时可用的——假如你发生了一场意外事故，你可能会被送往最近的医院或看护中心（但这并不意味着你必须一直待在那里）。无论你做出的选择是什么，请记得让你的家人知道你的选择，或者把你的选择记录在你的生前遗嘱或健康指南中。你无需勉强自己在一个不喜欢的地方，在孤独和害怕中走完人生的最后一程。

　　很自然的，你会想要知道收留你的地方是否能够让你的离开之旅变得积极而舒适。大多数人更希望在离开的时候有家人、朋友、治疗师、牧师的陪伴，但是如果你想拥有一个"特殊的陪伴者"，一些医院、疗养院和慈善机构提供这类服务。或者，你也可以与神圣临终基金会（The Sacred Dying Foundation）或者"没有人孤独地死去"项目机构（No One Dies Alone）联系，它们都能够为

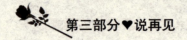

那些把离开人世当作是个人情感问题的人提供很好的服务，在这里你能够找到合适的人选帮助你。家人、朋友，甚至专业的医疗人员往往都对死亡的过程了解甚少或一无所知。"摆脱愤怒、恐惧、悲伤、内疚的负担，是直面死亡的重要准备。我一次又一次地看见人们坚持着一些东西，放弃另一些东西。我看到恐惧和内疚笼罩着那些垂死之人，导致他或她无法安心地放下那些负担平和地死去。大部分的内疚都来自于与所爱之人之间的相处。大部分的恐惧都与上帝有关。"玛格利·安德森在她的书《神圣的死亡：创作仪式以拥抱生命的结束》中如此写道。

当离开的时间到来时，每个人的生活结构和对时间的概念会发生改变。时间或急剧减少——一个无形的时钟在悄悄地告诉每一个人时间在一秒一秒地减少——或无限延长为漫长的痛苦，以等待"游戏"开场。人们等待测试结果、更新状态、新消息、研究成果、医生的诊断、治疗方法、药丸和药物，或者等待死亡降临的那一刻。在不知不觉中，当生命的倒计时钟开始响起，"还剩下多少时间"这个问题开始不停地敲打我们的内心。母亲在她写给我的一张便条中清晰地表达了这一点：

吉米尼：

你知道，我真的非常不希望自己成为那个阻止你的生活变得精彩的人，但我不得不承认，当我昨晚听到你说你今年夏天可能会申请在法国工作时，我的心情无法抑制地变得十分低沉。今天早上我五点钟就醒了，一想到这我就忍不住掉眼泪。我需要你在我身边，吉米尼。时间太宝贵了——对于我们大家来说——你还有很多个夏天可以去世界上任何你想去的地方！即使我已经离开了，雅各布也需要你在身边的。

我对你的爱一如既往。

妈妈

这种不确定性迫使每个人都进入了一种新的生活状态，看待事情的角度改变了、需求和生活的重点都发生了变化。恐惧、信仰、价值观和行为发生了变化，开始有了新的担忧。在这种情况下，你面临的挑战是如何平衡每个人的愿望。由于母亲的请求，我在那个夏天只能默默地遥望着法国！好在我选择留下来照顾她——仅仅几个月后，她就离我们而去了，而这最后几个月的时光是那么的宝贵。她的同事、朋友和家人都希望能够与她尽可能多地相处，可惜医生和护士占据了大部分的宝贵时间，进行测试、血压检查、化疗或让她服用一颗又一颗的神奇药丸。

正如你可以想象的那样，带着这么多来自朋友、同事、医生的需求，为你最亲密的家人保留单独的相处时间成了一件极具挑战性的事情。专门留出一些时间给你所爱之人，这是需要放在优先位置的事情，但请记住忠实于自己的内心是十分重要的。当你知道如何确保自己的需求得到满足时，你才会有足够的力量、精神和能力去满足那些陪伴在你身边与你同行的人的需求。在你尽了最大的努力为那个必然到来的结果做准备后，你就可以像那些领导者一样，更

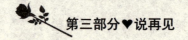

容易找到内心的平静感以及拥有足够的能力帮助你的亲人为善后阶段做准备。

尊重每个人的需求

善后阶段——在这本书中，我已经介绍了很多在你离开后，你的亲人会面临的问题。但是有几方面我想进行进一步探索，沟通就是其中之一。你的离去对每个人来说是一场情感上的考验。对于大多数人而言（即使是那些看起来并没有表达情感障碍的人），这可能会引发他们内心的恐惧或使他们发现深埋的家庭问题，进而导致沟通障碍。这就是为什么拥有一名导师或专业的悲痛辅导员为你的家人提供帮助显得十分重要。这个人懂得如何鼓励他们自由地表达情感，并帮助他们处理在善后阶段可能会出现的问题，如宽恕、愤怒和内疚。请注意大多数医院都不提供悲伤辅导，不过目前大多数临终关怀场所都能够向顾客及他们的家人提供前期悲伤辅导。

当死亡到来之时，接力棒就被传递到你活着的亲人手中，与之一起被传递的还有替你做决定的责任。但是安排葬礼是你活着的亲人在承受失去你的痛苦时最不想做的事情。因此你可以为此做好相应准备，在接下来的章节中你将学习更多关于这方面的内容。但首先我想和你分享一点我自己的故事，我希望能够借此向你透露一些可能在善后阶段出现在你的亲人身上的问题。

母亲已经在临终关怀医院待了约一个星期，虽然她在那里受到了很好的照顾，但她还是决定要回家。她的身体状况不太好，一

第九章　弄清你的愿望

整天都时而清醒时而意识模糊。我和弗朗西斯一起把她背上楼睡觉，我一边给她盖被子一边对她说："好梦，亲爱的。"我希望她能睡得香甜，那一刻我突然意识到我们的角色互换了——仿佛她才是孩子而我是她的母亲。在经历了钻心的疼痛以及与病魔的斗争后，那天晚上她在沉睡中安静地去世了。第二天早晨，我们静静地坐在床的边缘，看着她的头斜倚在肩膀上，脸上挂着温柔而平静的笑容，她的肌肤不再是粉红的、焕发光彩的，而是变得像杜莎夫人蜡像馆里的蜡像那样黯淡而苍白，没有了生机。她看上去很平静。我本来以为尸体是可怕的，所以我很惊讶母亲竟然看起来如此自然。很显然母亲已经离我们而去了。但不知为何，此刻母亲的脸让我并不觉得那么难过。

几天后，这种和平的离别被一次令人不快的遭遇给破坏了。当时我们正前往安息教堂去见母亲最后一面，我们被领入一个点满蜡烛的小房间。母亲选择了对她的身体进行防腐处理，因此她被放在一个以白色缎面做内衬的棺材内，周围用粉红色的玫瑰和迷迭香小枝做了精美的装饰。她穿着我为她挑选的礼服，双手合十成祈祷状，头轻轻地枕在枕头上。她看上去是如此充满活力和生气，甚至比她生命的最后6个月中的任何时候都要好。她化了妆，脸上仿佛闪着光。她看起来十分漂亮，我惊呆了。有那么一瞬间，我想象她也许会睁开她那绿色而充满深情的眼睛，带着恶作剧式的笑容，然后跳起来大喊"惊喜"，但是很显然，这不可能。

很显然这与数天前我看到的那个卧病在床的女人不是同一个人，这是一个冒名顶替者，她伪装成了我的母亲。她看上去根本

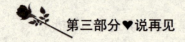

就没死！我真想走上前去拥抱她、揽着她、爱她。但我并没有这么做，而是等到弗朗西斯和雅各布都已经离开了，我才俯下身，和棺材里的她做最后的吻别。这是一个巨大的错误！也许她看起来充满生气，但她那熟悉的皮肤通常是那么的温暖，现在却像寒冷的石头一样冰冷。我对这个假象感到震惊和厌恶。她在离开的那个早晨的身体看起来是那么真实和放松，让我对于她的离去没有感到一丝不适，但是现在的这个身体，这个看起来健康而富有生气的身体让我想起曾经的她。它给了我虚假的希望，这让我感到恶心。

当然，不是每个人都有这样的经历。除非发生了一场严重的意外事故，否则这样的美化尸体的方式会受到极大的赞赏，否认死亡被认为是非常可取并完全可以理解的。可是我们似乎已经相信，通过掩饰死亡的存在我们可以让它消失。通过制造这样的假象，我们玩起了一场危险的游戏，因为当真相出现的时候，我们会感到受骗、愚蠢和失望。因此，请仔细想想你希望以怎样的方式被记住，并且记住你弄清自己的愿望的方式会对你活着的亲人的最后记忆产生影响。但是，千万不要忽视吉尔·布鲁克在她的著作《不要让死亡毁掉你的生活》中写的智慧之语："如果你问那些垂死之人他们最害怕的是什么，护士、医生、临终关怀者和治疗师会告诉你相同的答案。大多数人早已学会接受这不可避免的事实。他们并不害怕死亡。他们真正害怕的是被遗忘。"

生命的庆典

> 除了让每个人在我的葬礼上玩得开心，我想不出一个更
> 好的感谢生命的方式了。
>
> ——海军上将路易斯·蒙巴顿

是时候让事情变得个性化一点了。每个人都倾向于个性化。个人购物者、个人培训者、个人发展、个人电脑和个人造型师——这个列表可以很长。如今，几乎每一项服务或消费商品都被冠以"个性"的称号。我们的社会已经演变成了一个需要选择并且是大量选择的社会。不仅在我们的金融服务、计算机服务和我们的百货公司服务中需要个性化，越来越多的人希望能够拥有更加个性化的服务为他们庆祝生命的结束。举个例子来说，最近有一家人要求一家生意很好的提供定制葬礼服务的公司老板为他们在父亲最喜爱的十八号高尔夫球场举办追悼会——因为那里是他们的父亲度过每个星期天的地方。还有一个例子是有一伙人希望能够在街上一边骑着哈雷戴维森摩托车，一边挥洒他们挚友的骨灰。

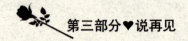
有趣的是，殡仪馆不断地在发展以满足这些不断变化的口味，现在他们几乎能做所有婚礼策划者和聚会策划者能做的事。鲍勃·比金斯是国家殡葬协会的主席，他本人就拥有一家这样的殡仪馆，最近在为一位终生以售卖冰淇淋为生的名叫哈利·威尔的人提供一次极具个性的殡葬服务。哈利的冰淇淋货车是整场葬礼的主要引领者，葬礼过后这辆货车被用于为大家提供棒冰。比金斯先生在接受《纽约时报》的采访时说："如果你认为那太夸张了，那么我想我需要承担一定的责任。但我们的业务反映了一定的社会现象。现在的消费者希望一切变得个性化，这已经具体到他们的生活方式，无论是突出一个人对高尔夫的热爱，还是对针织或刺绣的高度奉献！"

我用自己的方式做到了！

毫无疑问，葬礼将对你活着的亲人产生长久的影响。这就是为什么如果你的葬礼能够确实地反映真实的你，记录下你对这个世界所做的特殊贡献，展现你曾感动过的生命，曾通过血缘关系或爱、智慧或工作建立的人际关系，就再好不过了。你的葬礼应该传达你受到的教训和领悟到的智慧，对此可能有些人会恨你而有些人会永远感激你。所有的这一切，每一分、每一秒、每一天、每一个你做出的选择，构成了你的人生，构成了你在这个世界的特殊存在。这是人们可以欣赏你的成就、对你表达崇拜之意的一天。我们中的大多数人从来没有思考过自己希望以怎样的方式被别人记住，

第十章　生命的庆典

更不用说去庆祝自己的离开，但这是你的人生，它值得被崇拜。

很多人都在寻找正常传统以外的方式，他们毅然地摒弃教堂、管风琴音乐和规定的悼词，希望找到一个能够反映他们的个性的代表物。也许这种转变的发生是因为，按照传统程序和协议举办的葬礼有的时候不能很好地反映出承受着丧亲之痛的生者的需求。在过去，主持葬礼的神职人员往往与逝者有长期的伙伴关系。如今，很多人都搬离他们的童年家园和家庭，并且许多人更相信自己而不是宗教，因此他们并没有特定的信仰。这就意味着，一场葬礼的主持者很可能只花不到5分钟的时间去了解逝者的简要背景。因此葬礼渐渐成了一件不带个人色彩的或无特色的事也就不足为奇了。但这对活着的家人而言却是令人悲痛异常的——这加重了他们的悲痛，让他们觉得这最后的告别仪式只是一场闹剧。这真的让人感到耻辱，因为事情本可以不必如此。

《葬礼及如何准备葬礼》一书的作者托尼·沃尔特是英国巴斯大学死亡与社会中心的死亡研究教授，他在书中写道："你不必有一场宗教式的葬礼；你不必有赞美诗；你不必有专业人士替你主持；你不必有一栋宗教建筑、一辆殡仪车或一名殡仪员。"决定权真的在你手中。这是你的葬礼，是你唯一向大家告别的机会，因此它应该以一种适合你的方式举办——这种对待葬礼的态度越来越受到欢迎，甚至被传统主义者欢迎。犹太神学院的拉比·基什内尔最近主持了一个小男孩的葬礼，他的同学把棺材画得五颜六色，仿佛是在给一个石膏模型上色一般。拉比·基什内尔说："虽然犹太人通常被埋在木棺中，但这样的方式看来很适合这样的年幼者。"看

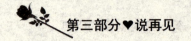

来大多数宗教代表都同意——只要你的个人喜好没有与宗教或当地法律发生冲突，他们会在殡葬服务中尽量将你的愿望考虑在内。

虽然趋势如此，但有些人仍旧没有尝试将自己的葬礼个性化或提前准备葬礼——而是把决定权交给了他们留在人世的亲人。然而，由于这伴随着许多有关生命结束的决定，这将给其家人和朋友，尤其是伴侣或较为年长的孩子带来沉重的负担。他们通常是活着的人中需要面临"葬礼困境"问题的那些人，这可能会把他们压得喘不过气来，尤其是他们很可能正处在失去至亲的痛苦和震惊中。通过提前对这场生命的庆典进行计划，你可以创建一场满足你自己的个人愿望的葬礼，同时也能减少由此为你活着的亲人所带来的心理负担。

你可能会认为这样的一项计划很无趣，但我可以很确定地告诉你，我的顾客在规划他们的这场欢送会时都觉得乐趣十足。托尼·科尔内利尔就是其中之一，这个好人很不幸被诊断出患有食道癌。得知自己只有几个月，甚至可能只有几周的生命后，他开始为自己的这场生命的庆典做计划，为自己的离开做准备。他制作了一个有关他的人生故事的视频，并创建了一份未来的惊喜：为他的两个孙子写贺卡、画画、录下给他们的话。他留下了一份令人印象深刻的遗产，但真正让我感到惊讶的是他为这生命的庆典所做出的准备。

托尼手绘了一个帽子形状的盒子，他希望把自己的骨灰放在里面。盒子的外边画着这样一幅美丽的风景画：一颗柳树生长在河岸的一侧，一只鸟高高地飞在空中。自从托尼退休不再当一名法语教师以后，每天他都会沿着同一条河堤散步，然后坐在同一颗柳树下，反思自己的人生。当我问起那只鸟，他告诉我："那只鸟每年春天都会飞到这棵树上，但是有一天它飞走了以后就再也没有回来过了。"

当我与托尼谈及他对自己的生命庆典、对自己余下的人生的计划，以及都做了什么准备时，他并不觉得悲伤，他的眼神里甚至放出了一丝光彩。我问他："托尼，你觉得准备这个有趣吗？"他用一个大大的笑容回答说："你不会懂的！"托尼最想得到的是伴随他一生的东西，因此对于生命即将走到终点他并不觉得突然，他很坦然地为他的家人和朋友写下了下面这张便条，这被放入了他的追悼仪式的仪典安排中：

亲爱的家人和朋友，

是你们丰富了我的生活以及我对生活的理解。你们给予我的支持、祈祷、电话、信件、卡片、拥抱和亲吻，尤其是你们对我的亲切，让我倍感荣幸、被尊重、被赞同和被爱。正如圣·埃克苏佩里在他的著作《小王子》中写的 "L'essentiel est invisible pour les yeux（最重要的东西往往是眼睛看不到的）"——在我心目中最重要的东西就是你们给予的荣誉、尊重、赞同和爱。

谢谢你们

托尼·科尔内利尔（1939年11月—2007年9月）

气球的美丽之处

和托尼一样，和许多人一样，我的母亲并不想要一场每个人都

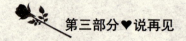

穿着黑色衣服或者甚至连赞美诗都不能唱的传统葬礼。她希望她的葬礼能够代表她的一生，并与我们分享她的快乐。在我们不知道的情况下，她在临走前的几个月里秘密地计划她的这场生命的庆典。她留下一个信封，上面写着："请在我离开之后开启。"信封里装着她亲手写的一些便条纸，详细地告诉我们关于葬礼的一切：音乐、一家慈善捐款机构、她喜爱的花、受邀请者名单、她的墓志铭、她阅读的书和诗歌，她甚至还提出了希望有氦气球这样不寻常的请求。我们对此感到惊讶，但同时也感觉有点宽慰。我们立即开始实施她的计划，根据她的受邀者名单发送邀请函，寻找她要求的歌曲，拜访殡仪业者以选择一个合适的墓碑，与牧师见面征得同意在葬礼上布置气球。我们有很多事情要做！

　　但是，这能让我们从那愈发强烈的巨大的悲痛中分出一点心来。我很惊讶举行葬礼的那天竟然来得那么快。那是11月初的一个明亮、凉爽的日子，母亲已经离开约一个星期了。前几天阴霾的天空在那一天奇迹般地变得明朗，阳光暖暖地透过窗帘照了进来——完美的天气，这正是母亲想要的。我躺在床上，思考了一会儿接下来的这一天对母亲的特殊意义。我的内心百感交集：兴奋、悲伤、恐惧和惊讶。我没有忘记，这是母亲最后的告别仪式。

　　我们走进教堂，教堂里已经挤满了数百人。每个人都身着色彩鲜艳而非黑色的衣服，使得这看起来的确像一场庆祝仪式。母亲要求的氦气球都用彩带绑着，系在教堂的靠背长椅上；淡蓝色的气球代表天空，绿色的代表地球，而暗蓝色的则代表大海。这样极具个性的装饰为这相当暗淡的教堂内部带来了一丝活力。当我们走在席间的过道中时，空气中环绕着的是雷斯庇基的歌曲《鸟》。我眼前还出现了一副十分梦幻的场景——母亲的棺材被放在前庭，上面覆盖着美丽的百合，明媚的阳光透过彩色玻璃窗照射在上面——这一切美得让我不忍落泪。

母亲并无固定的宗教信仰，因此牧师朗读悼词的部分应她的要求换成了由三个人发表演讲，称颂她的一生中获得的诸多成就。这三人分别是特德·科尔曼，她的上司，训练她成为一名符合斯凯格内斯标准的记者；她的同事帕梅拉·艾舍斯特，以及她的伙伴和最好的朋友，弗朗西斯。他们每个人分享了一些有关母亲的故事，并对母亲的不同身份表示敬意，这些身份包括：安德烈·亚当斯；作家和专家安妮；阿姨和妹妹托蒂；许多人的朋友。这三场真情流露的演讲持续了很长时间。我们暂时性地忘记了失去母亲的悲痛，周围充满了笑声，这些欢乐的回忆把我们的愁眉苦脸变成了欢快的笑脸。

母亲选择了三首流行歌曲和两首赞美诗，借此传达一些她想要表达的讯息。《王者之舞》和《仁爱君王是我善牧》都被大家兴高采烈地唱着。但是，真正触动大家神经的是她所选择的歌曲中的歌词，音乐剧《摇滚福音》中的《准备上路》、唐·麦克林的《在巴比伦河畔》和音乐剧《约瑟夫与梦幻彩衣》中的《天堂又来了一位天使》：

我们的餐桌上少了一个人，

我的眼眶中多了一滴泪……

席间，大家都在谈论这是一场多么美好的葬礼。我听到一个人说："我从来没有参加过这样一个令人愉快的葬礼！"母亲应该会为此感到自豪的。我们似乎没什么可担心的了。这场葬礼比我们预期的更完美。每一个环节都真实地体现了这个我们爱并尊重着的人的个性。三位朋友的发言告诉了人们她的真实内心，花朵增添了色彩，墓志铭体现了她的本性，还有气球——它们是一个神奇的存在。不止一人指出，这些气球让人感觉很特别、很愉悦。然而，我们却是在后来才发现这些气球真正的美丽之处。

母亲要求在葬礼之后，再举办一个小型的只有家人和几名知己好友出席的墓葬。当我们陆续离开教堂的时候，有人建议我们把气球带上。这似乎是一个好主意，于是我们把气球从背椅上解开，一人拿着一个气球跟在护柩者背后，就像一群生日聚会上的孩子一样，我们边走边跳地笑着走向墓地。毫无意外，我们在沿途收获了一些异样的眼光。这正是她想要的 ——让我们以她的名义进行庆祝。我们非常强烈地感觉到她就在身边，一路上和我们一起咯咯地笑着跳着，但是当我们抵达墓地停下来围绕在这空空的墓地上时，我们的情绪立即变了，一种沉重感扑面而来。牧师开始充满感情地朗读送灵词："我们在此把这幅身体交给大地，让土归于土，骨灰归于骨灰，尘归于尘。"并且应母亲的要求，在棺材入土的时候将玫瑰花瓣撒在棺材上方。一切突然就这么结束了。

当雅各布松开他手中的深蓝色气球，看着它慢慢地升向空中，大家都得到了莫大的宽慰。在他的带动下，我们都陆续松开指间的丝带让气球升向天空。乘着微风，大约20只气球都向着天堂的方向飞走了，只有一只被一阵强风吹着挂在了一棵树上。我们的目光跟随着气球，从那黑乎乎的泥土往上看向那广阔的干净明亮的蓝天，发现母亲和她的舞蹈精神搭载着气球正在天空飞舞。我们被这个场景迷住了。我们一直看着那些微小的小圆点，看着它们慢慢变小直到消失。多么神圣的一幕。那名牧师虽然早已举办过无数场墓葬，也被这个场景感动得说不出话来。后来，当他终于能够对这次墓葬进行总结的时候，他只是说："噢，我那……美丽的气球。"

平衡信仰、传统和宗教

在11月的那一天，我们成功地根据母亲的愿望为她举办了生命的庆典。当她看到所有人都在那个属于她的特殊的日子里如此享受——一个美妙的重要时刻，她应该会感到十分高兴。我们当然十分感激她提前做出了准备，我敢肯定如果她没有这样做，那么整个葬礼会完全不同。她的提前计划确实减轻了我们的压力，虽然我们还是不得不为了满足她的愿望去做很多努力。殡仪馆不会为你去准备CD、氦气球或玫瑰花瓣，教堂里并没有配备视听系统，因此我们只好一样一样地准备。尽管母亲为她的这场生命的庆典加入了许多个人色彩，但她还是传承了一些较常见的葬礼仪式和传统。牧师进行了诵读，他读了祈祷文，念了送灵词。葬礼中有鲜花和卡片、仪典安排和在村政厅进行的接待会。牧师和殡仪业者在这些问题上提供了很大的帮助，尤其是在选择骨灰盒和墓碑的时候，我们

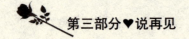

已经在墓碑上刻上了母亲要求的墓志铭：

> 安德烈·亚当斯（1946—1995）
> 一个爱着她的孩子的人
> 一个喜欢打抱不平的人

　　母亲在葬礼安排的问题上成功地平衡了她的个人愿望与教堂传统之间的关系。这是我们应该努力做到的，在展现个性的同时也反映一定的家庭、宗教或社会传统。个性固然重要，但尊重家人的需求并仔细思考你的决定将对那些活着的亲人产生怎样的影响同样至关重要。你也许认为在火葬场、在你的棺材渐渐消失在幕帘背后的时候播放皇后乐队的大热歌曲《再一次的轰轰烈烈》是一件有趣的事，但别人却不一定认可这个笑话！

　　每一个宗教都有明确的葬礼仪式，这主要是为了表达对逝者的尊敬，同时也帮助伤心的亲人们忘掉逝者和一部分悲痛。虽然有些人可能认为这些仪式没有任何个人色彩，十分枯燥无味，但它们却往往能够为葬礼带来一丝神圣感。这些历史悠久的传统应该得到尊重，因为它们的确意义重大。如果你不属于任何宗教，你还是可以进行选择。你可以不要神父或祭司，而是选择一名司仪牧师或司仪神父为你主持葬礼，他们可以按照你的"意愿"掌管整个葬礼的流程，而无需包含任何宗教仪式。

　　也许关于葬礼你还有很多自己的想法，从较常见的火化和挥洒骨灰的方式到超豪华套装，其中包括各种形状和大小的防腐玻璃棺材。在世界上的一些地区，人们传统上认为棺材代表了人的职业。例如，在加纳有一名雕塑家帮助当地的渔民让他们死后平和地躺在蟹形棺材中！对于那些追求"沉睡"的人来说，美国正兴起一股海葬的趋势。装着骨灰的骨灰瓮被包裹在混凝土中，外面刻上碑文，然后被放入海底。提供这项服务的公司把这称为"活葬"。这确实很特别，但却不是很实用，因为如果你的亲人想去探望你他们只能潜水到你的墓前！对于那些希望葬礼能够尽量环保的人来说，最好的入葬方式莫过于绿色安葬，即用一种可生物降解的棺材，这样你的身体就可以"自然地"归于大地。绿色安葬在英国越来越受欢迎，这也许是因为欧盟就甲醛对环境的影响表现出了一些担忧。甲醛是一种强有力的致癌物质，它在2008年被欧洲的许多国家宣布禁止使用前一直是防腐液的主要成分。现在有许多环保的安葬方式可供选择。如果你想对此进一步了解，我建议你去关注自然死亡公司或者访问网站www.naturalburialcompany.com，更多的建议详见本书最后的推荐网站和推荐阅读部分。

　　音乐则是另一个领域，在这个领域你要兼顾传统和自己的愿望可能会有点困难。母亲似乎通过选择两首赞美诗和一些现代歌曲的方式找到了合适的平衡点。你可能想要播放一些与传统音乐不同的音乐，但是关于这个问题，你必须与你的宗教代表进行讨论，确定他们是否允许你在宗教场地这么做。因此，你可以在参加葬礼的时候询问相关事宜，或在火葬场问问牧师。宗教机构和殡仪服务商处理的关于在葬礼上播放当代音乐的要求越来越多，一项英国最大的殡仪服务商"合作殡仪"的调查报告指出，在调查研究十大

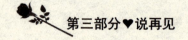

流行歌曲时人们发现，赞美诗和古典音乐片段是英国人在葬礼中最常用的。这项研究结果被公布在《每日邮报》上，报道中还引用了"合作殡仪"的伊恩·麦凯所说的一段话："虽然越来越多的人认为现代歌曲也完全适用于葬礼，但传统的赞美诗依然很受欢迎。现在很多人在葬礼中结合使用这两类音乐。"报纸还刊登了让葬礼变得享受的十大歌曲，其中《我的路》（法兰克·辛纳屈）、《迎风展翅》（贝特·米德勒）和《天使》（罗比·威廉姆斯）获得了流行音乐的前三名。"合作殡仪"表示对于现场音乐表演的要求也越来越多。他们的一名常常被邀请在葬礼上唱歌的工作人员说："现场音乐表演有它的特殊之处和强大之处，这是唱片无法体现的。"

创建你自己的愿望清单

在进入个性化时代后，我们都想说："我用自己的方式做到了！"只要我们在准备这场最后的告别仪式时能够兼顾其他家人的需求，那么就再好不过了。我们的选择应该尊重他们的传统或宗教，并能够为活着的亲人带来安慰。那么，你打算如何去为你的生命庆典创建你自己的愿望清单？什么是可以接受的？你如何确保当你离开以后，这些愿望一定会实现？你可以先从一个想法开始——简单的或奢华的，这并不要紧，重要的是这场庆典要能反映出真实的你，同时尊重当地法律，如果你属于某个宗教，它还应尊重你的宗教习俗。举办成本也应该是一个考虑因素，如果你要求让一名专业歌手在葬礼上演唱，那么这可能会导致较高的费用支出，而如果你选择让一位朋友来朗读你最喜爱的诗，则不需花费任何费用。避免出现财务问题，并确保将你的愿望都能被实现的一种方式就是与某个殡仪服务公司签订一份生前协议或预付费协议。通常情况下这是通过葬礼信托机构、养老金或保险政策提供资金，资金由受托人或保险公司进行管理，直到需要的时候才动用这项资金。这种方式十分有用，你可以在提出具体的关于葬礼和入葬仪式的请求的同时，消除财政负担，否则这份负担将落在你活着的亲人身上。如果这不是你想要考虑的事情，那么你只需将你设想的生命庆典的一切细节写下来，把你的这些愿望连同你的遗嘱交给你的挚友、律师或你信任的家人。

请试着在葬礼中加入能让你活着的亲人在心中留下一份美好的回忆的个人领悟或故事，挑选一些能给观礼者带来宽慰的歌曲、诗歌或者读物。各项研究均已表明如果葬礼是一次糟糕的体验，或者无法给观礼者带来宽慰，那么可能会直接导致承受着丧亲之痛的人带着未被化解的悲伤变得异常悲痛。一个美好的葬礼对于儿童来说尤其重要，他们常常与被认为"恐怖"的葬礼保持远离状态，因为人们设想一旦他们近距离接触死亡，这将给他们的人生带来不可磨灭的伤疤。然而，情况并非如此。一个在亲人去世时积极参与葬礼的儿童面对死亡时应付得远远比那些被保护着避免接触"真相"的儿童要好。对于那些被隔离的孩子，他们被告知或被哄骗不要问起有关死去亲人的事，这将导致他们抑制自己的情绪，封锁自己的感受，最终当他们发现了事情的真相后他们很难再去信任那些曾经欺

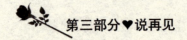

骗过他们的大人。在这种情况下，他们往往会感到十分愤怒和受伤，他们可能会感受到一种延迟的悲伤，其在以后的日子里可能会以各种伤害性的方式表现出来。

因此，向活着的孩子或孙子解释关于葬礼的"什么"和"为什么"，并且在安排葬礼时尽可能把他们考虑在内是一种更好的做法。根据他们的年龄，你可以请求他们为你画一幅画让你带到天堂。你可以邀请他们参加葬礼的时候带一只玩具熊过来陪伴你，或者请求他们带一只气球用于放飞或将一朵鲜花置于你的墓前。如果可以的话，提前跟他们谈谈有关生命和死亡的问题——你会惊讶地发现大多数孩子对这些话题感到十分自然。总之，真诚地对待他们。向他们解释发生了什么，把选择权交给他们，不要替他们做任何决定。

实际上，这适用于每个人。对你活着的亲人的需求保持敏感是十分必要的。如果你能把他们的需求融入你的个人愿望中，那将给他们带来极大的安慰。你可以通过举行家庭会议的方式讨论你的想法，或者干脆直接向你的亲人询问他们的想法。通过公开地讨论这些话题，你能够帮助你的亲人消除他们对"死"这个字眼的恐惧。因此，拿起一本笔记本（也许还有一杯酒）开始规划你的生命的庆典吧！这是一件纪念你那神奇的人生，保证你不会被人们遗忘的大事！你可以将下列问题作为指导，使其帮助你为这个特殊的日子做出安排：

· 安葬：你想怎么安葬自己？土埋？火化？将骨灰散落在海

上？如果选择土埋，你更喜欢环保的柳树棺材，还是自己设计的玻璃棺材，抑或是帽子形状的棺盒？你想在哪里举行安葬仪式？在你的教会、火葬场、犹太教堂还是寺庙？还是在林地，甚至在自己的私人房产中？

• 仪式与宗教：哪些传统对你和你的家人而言是必不可少的？你将根据自己的宗教融入哪些仪式？你想增加什么有意义的仪式吗？

• 音乐：你想通过音乐传达什么信息？你喜欢传统音乐还是现代音乐？唱片还是现场演奏？你会如何通过在音乐中融入一些东西,．鼓励他们的情绪，帮助他们从悲痛中恢复或留给他们一份美好的音乐回忆？

• 礼物和纪念品：你想捐款的原因是什么？你会接受花作为礼物吗，还是你更喜欢长久一点的东西，如一棵树、纪念册或纪念网站？

• 读物和颂词：你会让谁来讲述你一生中最美好的故事？你希望他们私下自己阅读，还是预先录制你要说的话，然后在葬礼那天广播出来？

• 葬礼用品：鲜花、蜡烛、熏香、祈祷文、照片、旗帜、蝴蝶、鸽子或气球——任何你认为重要的东西，你希望在葬礼中用到这些东西吗？

第十一章

享 受 现 在

昨天已成历史，明天仍是一个谜，今天则是一份礼物。

这就是为什么它被称为现在。

——琼·里弗斯

在这本书中，我一直在要求你打开那潘多拉的盒子，把自己置身于那相当遥远而令人不快的未来中，想象自己的死亡和它给你的家人和朋友带来的痛苦。我想，这对你来说也不容易。因此我要感谢你这一路与我同行，以开放的心态接受我表达的这些新想法，并勇敢地直面死亡的恐惧。只有拥有善良而富有同情心的灵魂的人，才能超越自我，努力地减少死亡给他人带来的痛苦。你的这份爱的遗产将是你给你的家人和朋友的生活带来的最大贡献。这是你能留给他们的最珍贵的东西了。你能够抽出时间来读这本书，并按照书中的指示去创建一份属于你的爱的遗产，这无疑是一种无私而充满爱意的举动。我很赞赏你这么做。

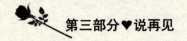

隐藏的幸福

当你在阅读这本书，思考着如何在你的爱的遗产中与他人分享自己的情感财产时，不可避免地会出现很多问题，与之一起出现的还有不愉快的想法、忧虑和不安的情绪。我在前面就说过，这个过程是十分具有挑战性的，所以不要怪我没有提醒你！即使在你感到不安的时候，你也会得到更多的理由来鼓励自己继续读下去。然而，我的内心有一个深深的顾虑。或许在读完这本书后，你会对于自己的离去给那些你珍视的人带来的影响产生恐惧和担忧。如果你因此而对这样一件在很多年内都可能不会发生的事情感到焦虑，那将是十分可怕的。因此我希望能帮助你消除这些恐惧。如果你准备要实现你的告别之礼，你首先必须认识到今天的重要性，而不要沉迷于那个存于明天的"假如"。因此找到一个积极点是十分重要的，这样你才能真正地、最大限度地享受今天这份礼物。

没有人真正知道剩余的人生还有多长。即使在医生给出了最终诊断结果后，许多人依然活得比预期时间长。母亲被诊断出还有3个月的生命，但她却比预期的时间多活了两年半。我们都有机会去尽可能地享受人生，最起码，我们可以尝试在生活在大地母亲的怀抱的这段时间里，找到喜悦和满足的感觉。如果你长期对在未来的20年或40年内发生的事感到焦虑，那么你将很难找到这种喜悦和满足感。但这种恐惧其实可以转化为一种积极因素，它可以作为动力源，鼓励你追逐自己的梦想和愿望。如果你能够把你对"死"这个字眼的恐惧，转化为对生活的感恩，这份感恩之情会鼓励你对生活、社会和你自己进行修补和改进。对于这种经常充斥在那些已经收到死亡诊断书的人内心深处的感恩之情，1994年诺贝尔和平奖得主德斯蒙德·图图大主教是这样说的："这份感恩让人们的心灵变得美好。它赋予生命一抹新的色彩。你会发现很多你曾经认为理所当然的东西——配偶的爱、贝多芬的交响乐、玫瑰花露和你的孙子脸上的笑声有不同的意义。"

　　和你一样，我希望我的生命还能持续很久。我是一名三十出头、身体十分健康的女士。我的工作没有任何的危险因素，除了热爱旅游，我也没有任何危险的爱好。但我依然十分感激生命，因为生命是如此脆弱。我对于死亡、悲伤与丧亲之痛这些看起来可怕的话题研究得越多，对于生命的看法就越透彻。我发现生活中很多我曾经认为很普通的东西，其实并非如我所想，它们简直让人觉得不可思议。当你静下心来认真思考自己所拥有的东西时，你会情不自禁地开始感激自己今天过上的美好生活和还能有所作为的宝贵机会。然而可惜的是，我们中的很多人总是一直看着过去活在昨天的影子中，或过分地希望征服明天获得成就，这使他们很难去珍惜今天这份礼物。我们不去注意今天、此时此刻的美丽，而抱怨我们拥有的或没有的，忘记了我们今天活着是一件多么幸运的事情。我们中的许多人都被一种假想的不幸折磨着，但现实的生活可以治愈一切。斯蒂芬·厄德利的诗会给你一个善意的提示，提示你自己是多么的幸福：

　　　如果你今天早晨醒来，是健康的而非生病的，那么你已经比那些在这周内即将病故的上百万人要幸福。

如果你从未经历过战争的危险、被监禁的孤独、严刑的痛苦和饥饿的折磨，那么你已经比这世上的两千万人要幸福。

如果你可以读懂这些话语，那么你已经比这世上超过20亿完全不识字的人要幸福。

如果你的冰箱里有食物，衣橱里有衣服，有一个屋顶和一个睡觉的地方，那么你已经比这世上超过75%的人要富裕。

如果你的银行账户、钱包里有钱，某个小盒子里还放着零钱，那么你已经是这世上前8%的富人之一。

你是如此的幸福，在很多你不知道的方面。

我希望你在读到这首诗时能够发自内心地对生活感恩。我建议你把这一页贴在一个显眼的位置，比如你家的卫生间的墙面，或你的冰箱上。因为，如果你把它每天读一遍，你的生活焦点会慢慢得到改变，它能够给你的生活带来一种新的视觉，鼓励你感恩生活中最重要的部分——抱着对生活的热爱去生活。如果你满脑子都是"我很可怜"这样的想法，时刻为自己或家人担心，那么你是无法做到热爱生活的。生活是生者的生活，是你自己的生活，无论它看起来多么艰难，它总能带给你隐藏的幸福。

对你而言什么是真正重要的？

读这本书时，你可能会发现你的思想发生了转变。也许你会发现，那些曾经看起来不可能的想法，现在似乎可以实现了。也许

第十一章　享受现在

你感觉到自己的勇气在一点一点地聚集，可以勇敢地迈出那一步了。也许你已经开始思考如何"追随你的幸福"，思考如何展现自己的才华和真实的自我，鼓起勇气进行冒险创造出人生的真正价值。也许你现在开始勇敢地说出以前羞于表达的想法。但愿你能看见并放下那把死亡的恐惧之伞，开始享受生活，或者至少对在雨中跳舞这个想法感到温暖！你知道，如果你选择跟随自己的内心过一种真正的生活，你会发现即使在水坑中溅起水花也是一件有趣的事。如果我的话不足以让你相信，那么也许迈克尔·约瑟夫森的诗会帮助你思考什么是重要的：

无论你是否准备好了，生命终有一天将结束。

你的生命中不再有明天的太阳，不再有几分钟、几小时或几天的时间。一切你拥有的东西，无论是珍惜的或是早已忘记的，都将传递给他人。

你的财富、名望和权力都将化为虚有。无论你拥有什么，无论你亏欠什么，都将化为虚有。你的怨恨、愤慨、挫折与嫉妒终将消失。同样，你的愿望、抱负、计划和所有要做的事情都将停止。那些曾经看起来如此重要的荣耀与失败将不复存在。

最终无论你来自哪里、生活在哪个阶层都已经不再重要了。无论你是貌美的还是才华横溢的。甚至你的性别和肤色都无关紧要。

那么，什么是重要的呢？

如何衡量你人生的价值？

真正重要的不是你买了什么，而是你创建了什么，不是你得到了什么，而是你付出了什么。真正重要的不是你的辉煌成就，而是你的人生意义。真正重要的不是你学到了什么，而是你教会了别人什么。

真正重要的是每一个正直、怜悯、勇敢或牺牲的举动，充实他人、给他人力量、鼓励他人以你为榜样。真正重要的不是你的能力，而是你的个性。真正重要的不是你认识多少人，而是当你离去的时候有多少人会感到这是一个永远的伤痛。

真正重要的不是关于你自己的回忆，而是与那些爱你的人一起生活的回忆。真正重要的是你会因为什么、被谁记住、记住多长时间。

过一个有意义的人生并不是碰巧发生的。这不是由环境来决定的，而是出于你自己的选择。

选择过一个有意义的人生。

真正重要的是那三个字"我爱你"。因为爱，就像空气、水和食物，是生活的燃料，是激情的动力来源。爱是人类追求的最高目标，它对我们的健康和幸福至关重要，是我们一直需要的东西。但是追寻爱的道路并不总是那么容易。

我们常常会发现自己很难表达出我们的爱，我们大多数人都太忙于获得"东西"——钱、物质财富或他人的爱——以至于我们忘记了什么才是真正重要的东西。但是，只有通过爱才能让人获得深刻而持久的自我成就感，正如玛丽安·威廉姆森在她的畅销书《回归爱》中所写的："爱是一种我们选择的体验，是一个心灵上的抉择，决定把爱看做在任何情况下，人生唯一的目的和价值。在

第十一章　享受现在

我们做出这样的选择之前，我们不断地努力寻找我们所认为能让我们快乐的结果。可是当我们得到了这些我们认为能让我们快乐的东西后，我们才发现它们并没有带来快乐。这种表面上的寻找——寻找除了爱以外的东西来让我们的人生完整，作为我们的幸福源泉——是一种盲目的崇拜。金钱、美色、权力，或任何其他人们所认为的好东西，只能暂时地缓解活在人世的小苦小痛。"

　　"去爱"这句话已经是老生常谈了，每一位曾征服世界的精神领袖都表达了人类彼此相爱的迫切需要，但关于爱往往是说起来比做起来容易。你认真想想就会发现，从没有人真正教过我们如何去爱。我们生活在这个世界上，被教导着如何去做所有的事，唯独只有"如何去爱"从来没被列入到课程表中。这可能就是我们费尽心力，试图在别人身上找爱的原因之一。这种从外部寻求爱的做法，往往会带来悲惨的后果，我们会因此而产生严重的不安全感、嫉妒、恐惧和仇恨。为了消除这种痛苦和空虚，我们努力让自己更加具备"爱的能力"——我们在时装及美容产品上花费巨资，让自己投身于赚钱或其他物质的东西，希望这些成就和奖项能够让我们拥有更多别人的爱。然而我们并不需要任何人或任何东西去让我们感受到爱——我们可以立即感受到——因为我们已经完全拥有"爱的能力"。当我们与别人分享并表达我们的爱时，通过充满爱意的想法、文字或举动，爱就在不知不觉中散发出来，传递到周围人的身上。与其寻求别人的爱，我们不如学习去爱他人。

学会安心放手

问题在于，我们大多数人都不知道如何去爱他人或"进入"这种心中充满爱的状态。我们中有许多人是在没有爱的环境下长大的，或者是我们的父母、伙伴、恋人或朋友为了惩罚我们，拿走了对我们的爱。也许这使得我们误认为自己没有"爱的能力"，但实际上我们是有的。这种痛苦的经历使我们为了保护自己，封闭自己的内心，躲在自己的世界中。我们把心门紧闭，陷入一个叫"恐惧"的地方，不想去体会那与别人的爱随之而来的痛苦。这封锁了我们感受、给予和再次接收爱的能力。我们陷入了一个恶性循环。因为我们生活在恐惧中，所以我们给出的爱很少，只能吸引那些与我们有类似的心态和情绪的人。我们封闭自己的内心，这就意味着我们分享或接收爱的能力减弱了，因此我们尝试用物质来填补自己。我们不再对街上的陌生人微笑，不再给予爱。我们忘记去完成那些真正重要的事情，结果给我们的亲人和自己带来了苦痛。当然，事情可以不必如此。你的这份爱的遗产就能每天带来很多爱的能量。

你可以从有意识地、满怀爱意地去思考和行动开始，然后尝试打开你的心，即使在与家人或朋友、同事，甚至陌生人发生冲突时，依然试着去打开心扉。与你最亲密的人进行爱的实践是你首先应该做的。如果你忽略了自己内心那些无声的请求，那么现在要尝试告诉他们你的内心感受，坦白你的情感或展现你的宽恕，这并不是一件容易的事。

你可能会发现，多年的情感压抑让你担心，如果你表达出自己内心最深处的情感或愿望，可能会出现一些混乱。然而，正是这样的恐惧在不知不觉中阻止着你得到自己最渴望的东西：被真正地爱着、不再孤单的感觉。只有当你选择去表达自己的爱时你才能得到这些，并且你越勇敢地表达自己的爱，你会发现之前的那些恐惧会慢慢消失。

或许你已经注意到，当你不与他人分享感情的时候，他们也不会与你分享感情。如果你不再担心得不到爱，而更多地给予爱、付出爱，尤其是在那些最容易被忽略的地方，你会得到你真正想要的东西。你或许会发现向那些在街上、火车或汽车上遇到的陌生人表达爱似乎更为容易。你可以在心底默默地这么做，例如无理由地对他们微笑，欣赏他们的优点，或者只是感受他们的爱。我经常这么做，尤其是对那些看起来很累、心烦、愤怒、沮丧、嫉妒或受伤的人。我会在心底默默地给予他们充满祝福与关爱的话语。我总是惊讶地发现，不论承受着多大的痛苦或挫折，他们往往会抬起头用微笑表示回应，虽然我什么都没有说。如果你坚持这么做，渐渐地你会感受到爱的真正力量——因为你付出了，所以你就会有所收获——很快，你会发现你的心扉再次打开了。

你也许会想："这种拥抱大树、爱上陌生人的嬉皮士做法的依据是什么？"但是请你稍加忍耐，耐心地按照我的建议去做。我希望你现在能够选择爱的原因是，你不希望在人生结束的时候后悔。人们在人生即将走到终点的时候最常问的一个问题是："为什么当我还有机会的时候我没有去爱？"当我们离开人世的时候，从物理意义上来说，我们就不再拥有付出爱的机能了。如果我们当

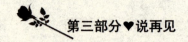

初没有选择宽容，而拒绝与家人和前配偶交谈，或把时间花在追求那些其实并不重要的"东西"上，那么最终当你即将结束人生的时候，感受到的通常会是深深的遗憾。当我们开始觉悟到是我们自己剥夺了自己去自由地给予和收获爱的权利时，我们的内心除了对自己没有选择宽恕而感到深深的悲哀以及一种心碎的失落感外，什么都不会有。这是一个令人痛心的觉悟。当人生即将结束，或与所爱之人的距离已经远得无法再进行和解或解决冲突时，这尤其让人心痛。这就是为什么选择宽恕，充分表达自己的情感，并学习站在别人的角度来看待事情是十分重要的。从现在开始选择去爱，你会获得一种心灵的平静，不仅是在你健康地活着的时候，在你离去的时候你依然可以保持这份平静。去爱吧，时间永远不会太晚或者太早。

从现在开始去爱吧

我花了很长时间才能重新去爱。失去母亲的悲痛让我把自己从世界抽离出来，封闭了自己的内心。这是一个无意识的过程。我的爱躲得无影无踪。我不再为爱而生，因此我不再去感觉爱。经过多年的寻找、质疑、尝试和失败，我终于重新找到了这条道路。我受够了一次又一次地在物质的东西上寻找满足感，然后又一次次地失败。我没有足够的运气去寻找爱，而且我也必然无法从自己的内心挖掘出爱。因此在妈妈去世10周年的时候，我决定，我受够了。我给她写了一封信。我知道她永远不会读到这封信，这只是一个让

第十一章　享受现在

我摆脱悲痛、释放痛苦的象征性的练习。我把这封亲笔手写的信件系在一个氢气球上，在母亲的坟墓边把它放飞到空中。信上的内容是这样的：

亲爱的妈妈：

你的离去给我带来的悲痛是毁灭性的。自从你离开后，我觉得十分孤单。强迫自己接受你的离去是我这辈子觉得最难做到的事。你离开已经10年了。经历了这么漫长的时间——这么长的一段时间——我仍然可以清晰地想象出你的笑脸，仿佛昨天还看见你一般。在这段时间里，我做了很多努力去忘却悲痛。现在我想我做到了，是时候重新生活了。

我想从悲伤中释放出来。我想变得平静。从现在开始，我会记得我们一起做过的一切美好的事情以及我们是如何分享这份喜悦、这样的爱和快乐的。

是时候与别人分享这些美好的事情了，是时候充实地过自己的人生了，就像你一样。我知道你不想离开我们。你一定也很痛苦吧？但是现在你在天堂注视着我。请留在我身边，保佑我，直到我们在天堂再次见面。

爱你，吉米尼

我想从悲伤的裂缝中走入那个充满爱和宽慰的地方。我知道只着重于生命中的消极面只会带来更多的痛苦。我需要在心中留出一些空间，让快乐去填满它，所以我只能选择放手。我知道，如果出于某种原因，我的生命被缩短了，我会为我曾经没有与他人分享我的真实感受、充满爱地活着而感到深深的遗憾，这对我而言是十分可怕的一幕。我不想当我站在天国的门前时，还在希望可以回去改变一些东西。因此，从那以后，我让自己"必须"充满爱地活着。当然，这并不是那么容易就能做到的，我的过往经历、周围的人、朋友和家人经常会给我带来挑战。然而每当我挣扎的时候，总有一些东西在提醒我，提醒我为什么选择这条路，例如这个我亲爱的朋友托尼·卡里诺向我述说的故事：

上个周末，我和家人参加了一个在俄勒冈州海岸的一个小镇举办的婚礼。那是美好的一天，我们享受着家人和朋友的爱。我们在明媚的阳光下，开车经过那些风景如画的农场和奶牛场，沿着一条两车道的乡间小路蜿蜒前行。我们看到远处有刹车灯。接近弯道后，一辆小型车进入我们的视线，车头已经严重变形。一辆大大的露营车，熄火停在那儿，它肯定就是事故的起因。远远地传来了警笛的哀号，它告诉我们这起事故是刚刚发生的。但消防员、警察和医护人员都还没有抵达现场。前面的人停了下来在指挥交通，而其他人则站在旁边，面色茫然。

损坏的汽车被调转过来，车头向着我们，我们的视线和驾车者所在的方向是平行的。有人向我们挥手示意赶快离开。我的妻子雅米说她不敢看，但我和女儿看了。这个驾车的女孩有一头金发，看起来大概25岁到30岁。她的下巴枕在方向盘上，头和脖子已经严重扭曲成不自然的锯齿状。可以看得见气囊，但她的灵魂已经不在了。她就像在商店橱窗里的模特，一个诡异的看起来很像人却缺乏生命的物体。一切发生得太快了。她甚至不知道是什么撞了她。前一秒她还在这个美丽的夏日里在一条漂亮的乡村公路上驾车行驶着，后一秒她已经不在这个世界上了。

　　每当我在内心纠结为什么我必须原谅一个刚刚做了一些让我完全无法接受的事情的人时，我就会读一读这个故事。这个故事总是提醒着我一个最简单的真理——生命是短暂的。我们永远不会知道我们会在什么时候以一种什么方式离开人世。因此选择去爱是非常重要的，这不仅让你带着爱去创建你的爱的遗产，更重要的是你将为自己这样的人生而自豪。不要认为你必须按照我在这本书中提出的建议去做。你只需将书中的任何一个想法实践出来，就可以为你活着的家人带来意义深远的影响。如果你真的没有任何想法，那么就写一封信吧，你写下的每一个字，都会被你的亲人当作永远的珍宝。请记住你可以从今天开始就准备这份爱的遗产，你可以从宽恕别人，甚至宽恕你自己开始。拿起电话，告诉他们你感到很抱歉，让他们知道无论发生了什么，那都已经过去了，今天，你选择了一条新的道路："昨天已成历史，明天还是一个谜，今天则是一份礼物。"欣赏生活，享受生活。最重要的是，爱生活。然后你就可以不带着任何遗憾和后悔，在天堂的家中平静地躺着。

后　记

今天是2008年11月7日，也就是说，母亲离开我已经整整13年了。这数字在某些人看来不吉利，但在我看来并不会。在这13年的时间里，在经历了这么多年的迷茫和无法言喻的痛苦后，我现在意识到这段经历教会了我很多。我知道用"幸运"来形容这样一场悲剧似乎有点奇怪，但从一个充满希望、积极、有预见性的角度来看，这是幸运的。当你经历过这种丧亲之痛后，你就学会了凡事怀着最好的希望，做最坏的打算，然后保持微笑面对一切。你也会学会无论生活看起来有多么糟糕，依然努力寻找其中积极的一面。或者正如我亲爱的老父亲，在引用牛顿第三运动定律时说的那样（他经常这么说），"每一个动作都有一个大小相等、方向相反的反作用"——这就是我觉得自己很幸运的主要原因。

也许你在读这本书中介绍的故事时会对我的父亲感到疑惑，这并不奇怪，当我将手稿草本寄给一个出名的家庭治疗师后，她在电子邮件中询问我："你的父亲呢？你没怎么在书中提到他。即使他只是一个精子提供者，但你也应该告诉我们一些关于他的细节才对！"正如你可能还记得的那样，我曾提到为什么他不在我们身边，我的解释是，母亲和父亲在我们很小的时候就离婚了，父亲再婚了并且另外拥有两个可爱的孩子，因此他很少参与到我们的日常生活中。我没有进一步做具体的解释，因为我想按时间顺序慢慢地与你们分享我的故事。虽然父亲的生活也很艰难，但他已经尽了最大的努力来帮助我们，只是这不管对他还是对我们来说，都非常困难。在他们离婚后的时间里，虽然我们每个周末都会去探望他一次，但我们的关系还是渐渐疏远了。试图把关系——尤其是父亲与孩子之间的关系，填进每月的那8天里，再加上工作需求、学习、个人需求、嫉妒和其他一切生活垃圾，这不是一般的困难。这意味着我们之间的关系很紧张。因此，当最坏的情况发生时，让父亲突然间挺身而出给予我们鼓励和支持是十分困难的，尤其是当时他的第四个孩子即将诞生。

我仍然记得在母亲的生命庆典的那天那种感觉是多么的奇怪。我的两旁坐着我的男友锦——这名年轻的男子在母亲离世的前几个月一直给予我鼓励和关怀，他一直陪伴在我身边。和我的父亲，相比较之下这个男人就像是一个陌生人。在葬礼中的某一刻，父亲把手伸过来紧紧握住我的右手，而锦握着我的左手，我感觉到这两个人之间的差距竟然如此巨大。一个曾经在我面对母亲即将离去的那些恐怖的日夜里一直陪伴着我，而另一个感觉就像一个远房亲戚，对我一无所知。有趣的是，这也正是为什么我现在觉得自己很幸运。因为13年后，那个我曾经努力想叫他爸爸的男人对我而言已不再神秘。我们已经慢慢成为朋友，维持着一种坦然、充满爱的关系，虽然这过程并不容易。从我的角度来说，这需要我在一定程度上原谅他——原谅他的一切，原谅他抛下第一任妻子和他的孩子

后记

这一事实，也原谅他在与母亲离婚后对我们的所作所为，这一度让我很恨他。这股仇恨自然阻碍着我和他拥有一种健康的、充满爱的关系。如果母亲没有离开，我想不会有什么足够强大的理由，让我看清自己的内心，拔掉这些刺。那么我想我会在心中让这些刺越长越大，直到我自己死去的那一天。

我曾经在脑海中构想过这样一种情形，在母亲出生前，她在另一个世界中看见了她的生活的两种可能性。一种可能性是她的人生很长，她很长寿。她看见她的孩子，也就是我和弟弟取得了辉煌的成就，满足了所有人的期望，但我们却很自私，从不同情任何人。她看见我们虽然是成年人，但不断地向世界索取，却很少给予回报。相比之下，第二种可能性描绘了如果她选择了放弃自己的生命，她的孩子会取得很大的进步。母亲看到了我们的悲伤和所承受的巨大的丧亲之痛后不敢再往下看。然后，她看到我们如何慢慢地对生命有了更深刻的理解，我们开始同情并渴望去帮助那些承受着伤痛，或比我们更加不幸的人。她怀着敬畏之情，看着我们发现爱的力量和其美丽之处，上了最重要、最有价值的一课。她看到她的孩子最终是如何从绝望中走出来，像灯塔一般为他人照亮前进之路。我可以想象得到，母亲怀着满满的母爱，以她一贯无私的风格，做出了一个常人不可能做的选择——献出自己的生命，因为她知道这能够帮助他人改善他们的生活。我花了很长一段时间才从这段13年的痛苦经验中得到一些感悟，然后才写出了这本书。但我知道如果母亲没有离开我，这一切都不可能发生。因此这本书实际上也是她留下的一份礼物，她通过我的笔告诉你们，从一名母亲的角度告诉其他父母，从朋友的角度告诉朋友，从妻子的角度告诉她的丈夫，从母亲的角度告诉她的孩子，从施爱者的角度告诉被爱的人。我希望你们能够看懂书中传达的讯息，明白爱才是这世上最重要的东西。

致　谢

　　仅仅一句"谢谢"还不足以用来感谢在这本书的创作过程中，大家——甚至是完全陌生的人，为我付出的时间、热情、鼓励和支持。请接受我的感激之情，感激你们给予的信任、做出的贡献和那些善意的话语。特别感谢那些坦诚地分享自己的亲身经历的人，我发自内心地感激你们对我的信任，与我沟通你们的想法和经历。我还必须感谢温斯顿·丘吉尔纪念信托基金的慷慨捐赠，它让我的研究范围从英国扩展到美国，与世界上在这一领域最有影响力的专家见面会谈。

　　我要特别感谢我的编辑——琳达·劳塞拉，她是给予我最多鼓励的人，没有她这本书不可能完成。我还要感谢菲尼·福克斯·戴维斯如此慷慨地奉献出自己的时间和智慧，帮助我把这本书变成一个完整的作品。我还必须感谢斯隆·福瑞斯特、奥黛丽·邓迪·汉娜和拉什·梅赫拉用他们的专业校对技能让这本书完美无缺。

　　除了专业人士的付出，很多朋友不断给予我的爱和理解也促使这本书早日完成。再多的感谢都不足以表达我的感激之情。具体来说，感谢我亲爱的女性朋友们：坎蒂丝、维姬、阿耶莎、梅勒妮和阿曼达，还有整个SWGS团队，和你们的友谊对我来说就是生命的全部，尤其是女主人莫，我的挚友，我们一起经历那么多次冒险。我还要把我最诚挚的谢意送给和我一起在帕特莫斯岛冒险时帮助我构思这本书的麦尔斯·布洛克，和牵着我的手与我分享这趟宇宙之旅的神秘的托尼·卡里诺。我还要感谢汤普森一家，谢谢他们邀请我到他们的家，与我分享他们的心灵故事和生活。感谢马修·乔恩斯对我的支持，他比我自己更了解我！感谢大卫·布洛克（我的官方守护天使）帮我治好了我的精神失忆。感谢那些帮助我渡过难关的人：金·奥比、阿利森·鲁宾、夏洛特和内森。最后，但绝非最不重要的，我想特别感谢丽贝卡·土克——我挚爱的朋友和聪明的妹妹。我还要感谢克里斯·桑切斯坚定不移地支持我、鼓励我，让我感到安全、有能力和凡事皆有可能，你无私的爱对我来说是无价之宝。

还有一个特别的感谢要送给盖伊·福尔摩斯，他是我的穿着闪亮盔甲的骑士，我的灵魂伴侣，和这本书的一号粉丝！最后，感谢我亲爱的家人们，谢谢你们一直陪伴在我身边，尤其是我的奶奶汉布莉——谢谢你的祈祷词，最重要的是，感谢你指引我选择这条无条件奉献爱的道路，当然还有我的母亲，感谢你的离世让这本书得以出世去帮助更多的人。

推 荐 影 片

与死亡有关的影片

《天使之城》（1998）

《死神假期》（1934）

《灵异空间》（1990）

《人鬼情未了》（1990）

《第六感生死缘》（1998）

《费城故事》（1993）

《灵异第六感》（1999）

《你在天堂遇到的五个人》（2004）

启发未来的惊喜的影片

《舞动人生》（2000）

《情深到来生》（1993）

《附注：我爱你》（2007）

《把爱传出去》（2000）

《遗愿清单》（2007）

《最终剪接》（2004）

《超级礼物》（2006）

《夜未眠生死恋》（1996）

《香草天空》（2001）

与悲伤有关的影片

《初恋的回忆》（2002）

《直到永远》（1989）

《小鹿斑比》（1942）

《超级保姆》（1994）

《幸福已逝》（2007）

《不伦之恋》（2001）

《生命如屋》（2001）

《普通人》（1980）

《瓶中信》（1999）

《宝贝小情人》（1991）

《永久记录》（1988）

《从心开始》（2007）

《钢木兰花》（1989）

《继母》（1998）

《母女情深》（1983）

《遗失在火中的记忆》（2007）

推荐影片

《一屋一鬼一情人》（1990）

《美梦成真》（1998）

《你办事我放心》（2000）

推 荐 阅 读

关于悲伤和丧亲的书籍

《从不相同（Never the Same）》，唐娜·舒尔曼

《当所爱远逝如何继续生活（How to Go On When Someone You Love Dies）》，特丽萨·兰杜

《失落也是一种生活（Life After Loss）》，鲍勃·戴尔斯

《告诉孩子关于死亡的一切（Telling a Child About Death）》，埃德加·杰克逊

《当父母远逝：一本成人指南（When Parents Die: A Guide for Adults）》，爱德华·迈尔斯

《青少年悲痛治疗（Teen Grief Relief）》，海蒂·霍斯利博士和凯莱·霍斯利博士

《别让死亡毁了你的生活（Don' Let Death Rum Your Life）》，吉尔·布鲁克

《当父母离世（When Parents Die）》，丽贝卡·艾布拉姆斯

《不断的纽带（Continuing Bonds）》，丹尼斯·克拉斯

《卿卿如晤（A Grief Observed）》，C. S. 刘易斯

《悲痛恢复手册：跨越死亡、离婚和其他损失的行动纲领

（The Grief Recovery Handbook: The Action Program for Moving Beyond Death, Divorce and Other Losses）》，约翰·W·詹姆斯和罗素·弗里德曼

《我不知道该说什么（I Don't Know What to Say）》，罗伯特·巴克曼

《悲伤的勇气（The Courage to Grieve）》，茱蒂·泰特包恩

《好伤心（Good Grief）》，卡罗·李

《当绿叶缓缓落下（On Grief and Grieving）》，伊丽莎白·库伯勒·罗斯

《当孩子悲伤的时候（When Children Grieve）》，罗素·弗里德曼，约翰·詹姆斯和莱斯利·兰登马修斯博士

关于死亡的书籍

《拒斥死亡（The Denial of Death）》，欧内斯特·贝克尔

《最后的礼物（Final Gifts）》，玛姬·克拉兰和派翠西亚·凯利

《垂死之人想要什么（What Dying People Want）》，大卫·库尔，M.D

《照顾垂死之人（Attending the Dying）》，玛格利·安德森

《神圣的死亡（Sacred Dying）》，玛格利·安德森

《论死亡与临终（On Death and Dying）》，伊丽莎白·库伯勒·罗斯

《死亡：成长的最后阶段（Death: The Final Stage of Growth）》，伊丽莎白·库伯勒·罗斯

《聆听和关心的时光（A Time for Listening and Caring）》，克里斯汀·M·普查斯基，M.D

《关于有意识地生活与死去的调查（Who Dies: An Investigation into Conscious Living and Dying）》，斯蒂芬·莱文

《受欢迎的到访者（The Welcome Visitor）》，约翰·汉弗莱斯

关于濒死体验的书籍

《生命不息（Life After Life）》，雷蒙德穆迪，JR，M.D

《接近光界（Closer to the Light）》，梅尔文·莫尔斯

《回到生活（Coming Back to Life）》，P·M·H·阿特沃特

《光的启示（Lessons from the Light）》，肯耐斯·瑞恩和卡罗琳·米斯博士

《临终生活：科学和濒死体验（Dying to Live: Science and NDE's）》，苏珊·布莱克摩尔

《论死后的生活（On Life After Death）》，伊丽莎白·库伯勒·罗斯

《圣光之子（Children of the Light）》，布拉德和雪莉·斯泰格尔

《超越死亡：来自另一个世界的看法（Beyond Death: Visions of the Other Side）》，埃德加·凯西

关于跟随你的快乐的书籍

《你的人生目标（The Purpose of Your Life）》，卡罗尔·阿德里安娜和詹姆斯·雷德菲尔德

《找到你的目标：改变你的生活（Find Your Purpose: Change Your Life）》，卡罗尔·阿德里安娜

《感受并克服恐惧：如何将恐惧和犹豫转化为信心与行动（Feel the Fear and Do it Anyway）》，苏珊·杰弗斯博士

《你的降落伞是什么颜色（What Color is Your Parachute）》，理查德·纳尔逊·博尔斯

《意识的力量（The Power of Intention）》，韦恩·戴尔博士

《通往天堂之路（Pathways to Bliss）》，约瑟夫·坎贝尔

《发掘你的属灵恩赐（Discover Your God Given Gifts）》，傅堂恩与傅凯蒂

《跟着快乐走（Joy Is My Compass）》，艾伦·科恩

《精神上的解放：挖掘你的灵魂潜力（Spiritual Liberation: Fulfilling Your Soul's Potential）》，迈克尔·伯纳德·贝克威思

提供好的指引的书籍

《失去生命伴侣（The Loss of a Life Partner）》，卡罗琳·沃尔特

《儿童指南（Guidance of Young Children）》，玛丽安·C·马里昂

《单亲手册（The Single Parent's Handbook）》，雷切尔·莫里斯

《男同性恋鳏夫（Gay Widowers）》，迈克尔·斯科诺夫

《女同性恋寡妇（Lesbian Widows）》，维奇·惠普尔

《丧亲儿童的创意干预治疗（Creative Interventions for Bereaved Children）》，利亚纳·罗斯丹

《安慰失去亲人的人（Comforting the Bereaved）》，沃伦·威尔斯比和大卫·威尔斯比

《处理死亡、丧葬和遗嘱（Dealing with Death, Funerals and Wills）》，罗杰·琼斯

《亲人离世后要做的事（What to Do When Someone Dies）》，妮琪·弗伦奇

《继承手册：受益者的权威指南（The Inheritors Handbook: A Definitive Guide for Beneficiaries）》，丹·罗滕伯格

启发未来的惊喜的灵感的书籍

《附注：我爱你（P.S. I Love You）》，西莉亚·埃亨

《舞动人生（Billy Elliot）》，李·霍尔

《我希望我的女儿知道的事情（Things I Want My Daughters to Know）》，伊丽莎白·诺布尔

《最后一课（The Last Lecture）》，兰迪·波许

《一个小时的生活，一个小时的爱，最好的礼物的真实故事

（An Hour to Live, An Hour to Love, The True Story of the Best Gift Ever Given）》，理查德和克里斯汀·卡尔森

《一日重生（For One More Day）》，米奇·阿尔博姆

《给山姆的信：来自祖父的关于爱、失去和生命的礼物的教训（Letters to Sam: A Grandfathers Lessons on Love, Loss and the Gifts of Life）》，丹尼尔·戈特利布

《超级礼物（The Ultimate Gift）》，金·斯托瓦尔

《虎国阴影（Shadow in Tiger Country）》，路易斯和蒂姆·阿瑟

有助于你的人生故事的书籍

《自己的生命故事（Your Life As Story）》，崔思汀·蕾纳

《致我们的孩子的孩子（To Our Childrens' Children）》，鲍勃·格林

《遗产：书写个人历史指南（Legacy: A Guide to Writing Personal History）》，琳达·斯彭斯

《如何书写你的人生故事（How to Write Your Life Story）》，拉尔夫·弗莱彻

《剪贴你的家族史（Scrapbooking Your Family History）》，劳拉·贝斯特

《生活遗产：如何撰写和述说你的人生故事（Living Legacies: How to Write and Illustrate Your Life Stories）》，杜安·埃尔金与科琳·里德如

《祖父母图书：回答孙子女的问题（Grandparents Book: Answers to a Grandchild's Questions）》，米尔顿·卡门

关于音乐和动力的书籍

《音乐感知的科学：用理性解释感性（This is Your Brain on Music）》，丹尼尔·J·列维京

《音乐中的情感和意义（Emotion and Meaning in Music）》，伦纳德·B·迈耶

《音乐中的发展心理学（The Developmental Psychology of Music）》，大卫·哈格里夫斯

《声音的治愈作用（The Healing Power of Sound）》，米切尔·L·格依诺

《治愈的声音（Healing Sounds）》，乔纳森·高盛

《莫扎特效应（The Mozart Effect）》，唐·坎贝尔

《六首歌曲里的世界：音乐细胞如何创造人性（The World in Six Songs）》，丹尼尔·列维京

《神圣的声音（Sacred Sounds）》，泰德·安德鲁斯

《莫扎特效应：发掘音乐的力量来治愈身体，唐·坎贝尔的音乐哲学（The Mozart Effect: Tapping the Power of Music to Heal the Body, Don Campbell Musicophilia）》，奥利弗·萨克斯

有助于弄清你的愿望的书籍

《生命结束时的选择（Choices at the End-of-life）》，琳达·诺兰德

《最后的选择：生命结束时的决定（Final Choices: Making End-of-life Decisions）》，李·诺奥加德

《临终的同情（Compassion in Dying）》，巴巴拉·库姆斯李

《一起得到它（Get It Together）》，梅兰·卡伦和萨何·欧文

《按照自己的意愿好好地生活（Living Will, Living Well）》，M·戴安·戈德金

《最好的告别方式（The Best Way to Say Goodbye）》，斯坦利·A·特曼

《死亡和尊严（Death and Dignity）》，蒂莫西·E·奎尔

《好好地死去（To Die Well）》，西德尼·温泽尔和约瑟·葛蓝姆伦

《好好地死（Dying Well）》，艾拉·比奥克

《垂死之人想要什么（What Dying People Want）》，大卫·库尔

关于生命的庆典的书籍

《你的人生聚会（The Party of Your Life）》，埃里卡·迪尔曼

《请牢记：庆祝生命的仪式（Remembering Well: Rituals for Celebrating Life）》，萨拉·约克

《规划生命的庆典：一个简单的指南（Planning a Celebration of Life: A Simple Guide）》，小托德

《自然死亡手册（The Natural Death Handbook）》，约瑟芬·斯派尔

《我笑着离开（I Died Laughing）》，丽莎·卡森

《葬礼及如何准备葬礼（Funerals and How to Improve Them）》，托尼·沃尔特

《入葬事宜（Grave Matters）》，马克·哈里斯

《最后的庆典，个人和家庭葬礼指南（Final Celebrations, A Guide for Personal and Family Funerals）》，凯瑟琳·萨布利特

关于带着爱生活的书籍

《一念之间：四句话改变你的人生（Loving What Is）》，拜伦·凯蒂

《回归爱（A Return to Love）》，玛丽安·威廉姆森

《真爱之路（The Path to Love）》，迪帕克·乔布拉

《无条件的爱（Love Without Conditions）》，保罗·菲利尼

《爱的五种语言（The Five Languages of Love）》，加里·查普曼

《活在心中（Living in the Heart）》，保罗·菲利尼

《爱：我生活的全部（Love: What Life is All About）》，利奥·巴斯卡利亚

《爱的挑战（The Love Dare）》，斯蒂芬和亚历克斯·肯德里克

《掌握爱（The Mastery of Love）》，唐·米格尔·鲁伊斯

《爱的力量（Strength to Love）》，马丁·路德·金

《无尽的爱（Boundless Love）》，米兰达·霍顿

《来自神灵的讯息（Messages from the Masters）》，布赖恩·韦斯

推 荐 网 站

与悲伤有关的网站

"天空之上"（Beyond Indigo）不止一次，而是六次被《福布斯》杂志列为"最佳网站"，请访问：www.beyondindigo.com

"富有同情心的朋友"（Compassionate Friends）是一个为失去亲人的父母提供帮助和支持的非营利性组织，请访问：www.compassionatefriends.org

"道奇创伤儿童和家庭中心"（Dougy Center for Grieving Children and Families）是美国一个为家庭提供悲痛帮助的领先机构，请访问：www.dougy.org

"悲伤在线"（Griefnet）是为失去至亲的人提供帮助和支持的网络社区，请访问：www.griefnet.org

"活在悲痛中"（Living with Loss）针对失去至亲的人出版在线和印刷杂志，发表相关文章和资源，请访问：www.bereavementmag.com

"怀着希望"（Open to Hope）致力于帮助那些经历了丧亲之痛的人面对悲痛，并找到未来的希望，请访问：www.opentohope.com

"悲痛恢复机构"（The Grief Recovery Institute）研究了一套

绝妙的走出悲痛的行动计划，请访问：www.grief.net

"最初的30天"（The First 30 Days）的特点是有专家帮助人们走出悲痛，请访问：www.thefirst30days.com

"退伍军人事务所"（Veterans Affairs）为战争养老金领取者、战争寡妇和他们的家属提供意见和建议，请访问：www.va.com

"寡妇网"（Widow Net）为妇女提供帮助和支持，请访问：www.widownet.org

处理死亡问题的网站

"死亡教育与咨询协会"（Association for Death Education and Counselling）有2000名成员，其中包括医疗保健人员、教育工作者、神职人员、殡仪业者和志愿者，请访问：www.adec.org

"老年痴呆症协会"（Alzheimers Association）为患有老年痴呆症者及其家人如何处理相关问题提供非常良好的建议，请访问：www.alz.org

"癌症希望网"（Cancer Hope Network）为癌症病人和他们的家人提供帮助和建议，请访问：www.cancerhopenetwork.org

"死亡与走向死亡"（Death & Dying）对于如何以更全面的方式处理这个问题给出了一些佛教上的见解，请访问：www.death-and-dying.org

"成长学院"（Growth House）为重大疾病救治和临终生活护理提供许多大获殊荣的资源，请访问：www.growthhouse.org

"濒临死亡"（Near Death）有数百篇有关濒临死亡体验的文章和链接，请访问：www.near death.com

"神圣的死亡"（Sacred Dying）致力于使人们拥有更好的死亡体验，提供志愿者坐在你的床边为你守夜，帮助你和平地迎接死亡，请访问：www.sacreddying.org

"老人杂志"（Senior Journal），在这里你可以找到一切有关衰老的内容，请访问：www.seniorjournal.com

"自然死亡中心"（The Natural Death Center）出版各种指南，其中包括流通广泛的帮助人们提高生活和死亡质量的《自然死亡手册》，请访问：www.naturaldeath.org.uk

有关未来的惊喜的网站

"花儿网"（Flowers）是一个可订购花卉礼品并在任何时间寄发到世界上的任何地方的网站，请访问：www.1800flowers.com

"影库相簿网"（Inkubook）十分适合用于制作写真集，请访问：www.inkubook.com

"宽慰公司"（The Comfort Company）有各种各样的想法可供参考并传递给你的家人，请访问：www.thecomfortcompany.net

"记忆熊"（Memory Bears）是一个绝妙的安慰礼物，特别适合年幼的孩子，请访问：www.cherishedmemorybears.com

"纪念的星星"（Memorial Stars）能够帮助你的亲人每次看到夜空就想起你，请访问：www.memorialstars.com

"个性饰品"（Personalized Jewelry）让你能够给家人留下一个将永远伴随着他们的意义深远的讯息，请访问：www.limogesjewelry.com

"快门网"（Shutterfly）能够满足你对摄影礼品的所有需求，请访问：www..shutterfly.com

"语音产品"（Talking Products）提供了一系列的礼品选项，让你可以录制自己的语音信息，请访问：www.talkingproducts.com

"盒子里的树"（Tree In A Box）有一系列树木和灌木可以附上你个人想说的话一起送出去，请访问：www.treeinabox.com

"带着爱"（With Love From）有许多美丽的礼品可以在上面刻写一些充满爱的信息，请访问：www.withlovefrom.com

"铭记的事"（Things Remembered）有很多你想象不到的精美礼品可供选择以送给你所爱之人，请访问：www.thingsremembered.com

与人生故事有关的网站

"庆祝的地方"（Celebration-Of）可以通过录像、照片和你的故事来保存珍贵的回忆，请访问：www.celebration of.com

"人生故事网"（Life Story Network）提供了赞美词、传记和纪录片服务，帮助你与大家分享自己的人生故事，请访问：www.lifestorynet.com

"生活小传"（Life Bio）有大量产品可帮助你与亲人分享人

生故事，请访问：www.lifebio.com

"想念你"（Missing You）是一个可以为自己创建纪念册的网站，请访问：www.missing-you.com

"临别的想法"（Parting Thoughts）是一个很好的网站，在这里你可以在网络上分享你的故事，请访问：www.partingthoughts.com

"我的人生故事"（Story of My Life）是一个可以创建、共享并永远保存你的人生故事的地方，请访问：www.storyofmylife.com

"铭记网"（The Remembering Site）让你可以在生活进行时随时记录下你的人生故事，请访问：www.therememberingsite.org

"你的人生你的故事"（Your Life Your Story）有各种各样的产品帮助你保存自己的回忆，请访问：www.your-life-your-story.com

"每日治疗中心"（The Center for Journal Therapy）致力于帮助老年人记录他们的历史故事，请访问：www.journaltherapy.com

关于音乐记忆的网站

"亚马逊"（Amazon）有一个MP3音乐商店，在那里你可以购买个人歌曲或专辑，请访问：www.amazon.com

"礼品歌曲"（Gift Songs）能帮助你为某个特殊的场合制作一首歌，请访问：www.giftsongs.com

"果酱工作室"（Jam Studio）让你可以在网上制作和录制自己的歌曲，请访问：www.jamstudio.com

"狂想曲"（Rhapsody）让你可以听音乐，然后选择你喜欢的歌

曲，创建一个播放列表或CD作为礼物，请访问：www.rhapsody.com

"歌曲工作室"（Song Studio）是一个你可以为某个特殊的场合订购一首歌的地方，请访问：www.thesongstudio.com

"量身定制的音乐"（Tailored Music），在这里你可以制作一首你自己的情歌作为礼物送给某个对你而言很特别的人，请访问：www.tailoredmusic.com

"苹果软件商店"（iTunes Store）是一个你可以访问和下载数百万MP3歌曲，创建自己的播放列表或精选CD的地方，请访问：www. apple.com/itunes

"沃尔玛"（Walmart）有数百万歌曲可供下载，你可以制作一张属于你自己的特殊的CD作为礼物，请访问：www.walmart.com

"您的自定义歌曲"（Your Custom Song）是一个可以为你写一首歌的网站，请访问：www.yourcustomsong.com

有关你的葬礼愿望的网站

"带着尊严老去"（Aging with Dignity）是一个非盈利性组织，为那些需要提前计划的人提供咨询意见和资源，请访问：www.agingwithdignity.org

"更好的结局"（Better Endings）有一系列很好的纪实文件，能够帮助你做出正确的选择，请访问：www.better-endings.org

"家庭看护者联盟"（Family Caregiver Alliance）提供相关信息、教育和服务，以帮助你做出正确的选择，请访问：www.

caregiver.org

"同情和选择"（Compassion and Choices）提供关于生命结束的最全面的信息，请访问：www.compassionandchoices.org

"临终关怀"（Hospice Care）是一个国际协会，提供生命结束选择方面的帮助，请访问：www.hospicecare.com

"生命报到"（Living Will Registry）可以帮助你就有关生命结束做出的决定创建相关的法律文件，请访问：www.uslivingwillregistry.com

"遗书书写者"（Legacy Writer）是美国一个领先的房地产规划法律文件的网络服务提供商，请访问：www.legacywriter.com

"遗愿办公局"（The Will Bureau）是一个提供房产规划法律服务的领先服务商，请访问：www.willsandinheritancetax.co.uk

"临别的遗愿"（Parting Wishes）是一个大获殊荣的网站，提供一切书写遗嘱或生前预嘱所需的资料，请访问：www.partingwishes.com

"你的道德遗愿"（Your Ethical Will）能够帮助你与他人分享自己的价值观和经验教训，请访问：www.yourethicalwill.com

"丧葬消费者联盟"（Funeral Consumers Alliance）的存在是为了保护你，确保你在办理丧葬事务的时候不会受骗，请访问：www.funerals.org

"葬礼计划"（Funeral Plan）有一些绝妙的工具帮助你准备那特殊的日子，并让它更有个性，请访问：www.funeralplan.com

"绿色丧葬网"（Green Funeral Site）在组织环保活动方面拥

有丰富的资源，请访问：www.thegreenfuneralsite.com。

"我的记忆"（Memory Of）是一个领先的在线治愈中心。在这里你可以点一个虚拟的蜡烛或创建一个网上纪念册，请访问：www.memory-of.com

"想念你"（Missing You），在这个网站你可以创建一个自己的纪念网页，上传照片或视频，请访问：www.missing-you.com

"深爱"（Much Loved）提供在线纪念册服务和称颂服务，让你记住你所爱之人，请访问：www.muchloved.com

"蝴蝶网"（The Butterfly）可以为你找到农场，帮你在你的生命庆典上放飞蝴蝶，请访问：www.butterflywebsite.com

"丧葬网"（The Funeral Site）为举办葬礼和生命庆典提供广泛的资源，请访问：www.thefuneralsite.com。

"孔明灯"（The Sky Lantern）是一个美好的象征，可以帮你在生命庆典上放孔明灯，请访问：www.theskylantern.com

与带着爱生活有关的网站

"庆祝爱"（Celebrate Love）上有一些有关宽恕和人际关系的好文章，请访问：www.celebratelove.com

"五种爱的语言"（Five Love Languages）是关于你自己、你的伴侣、孩子、朋友和同事这五者需要了解的东西。它会为你的生活带来一定的改变，请访问：www.fivelovelanguages.com

"一念之间：四句话改变你的人生"（Loving What Is）的

特点是它涉及四个影响力大、将改变你的生活的问题，请访问：www.thework.com

"爱与宽恕"（Love and Forgive）提供了一些爱、宽恕和放手的简单实践，请访问：www.loveandforgive.org

"人生和爱情的电视"（Life and Love TV）会给予你一些鼓舞，请访问：www.lifeandlove.tv

"学习宽恕"（Learning to Forgive）将帮助你从悲痛中找到一些解脱，请访问：www.learningtoforgive.com

"获得平静"（Make Your Peace）通过化解生活中的冲突，让你的生活获得平静，请访问：www. Makeyourpeace.org.uk

"真爱"（Real Love）是一个很棒的网站，有许多资源能够帮助你掌握带着爱生活的秘诀，请访问：www.reallove.com

"自我同情"（Self Compassion）会帮助你心中充满更多的爱走近你的家庭，请访问：www.self-compassion.org

"无暴力交流中心"（The Center for Non Violent Communication）教授人们关于爱这种语言，请访问：www.cnvc.org

"爱的挑战"（The Love Dare）是一本会改变你的生活、人际关系和你的婚姻的书，请访问：www.thelovedarebook.com

参 考 文 献

[1] 时代的浪潮[J].美国安联遗产研究，2005（5）.

[2]阿尔瓦雷斯·L.爱与指示的告别[J].纽约时报，2005（10）.

[3]安德森·M.神圣的死亡：创作仪式以拥抱生命的结束[M].大卡波出版社，2003.

[4]无名氏.葬礼上流行乐取代了赞美诗[J].每日邮报，2005（11）.

[5]贝尔·A.克里斯蒂安·惠更斯[M].贝尔出版社，2007.

[6] 李·霍尔.电影/音乐[M].2000.

[7]乔奇诺，等.尊严疗法：一种关于生命接近尾声患者的新的心理干预治疗[J].中国临床肿瘤学，2005（8）.

[8]克里泽.帮助你活一千年的人[J].泰晤士报，2007（9）.

[9]厄德利·S.你是如此的幸福."重新联系与新的方向"研讨会，2003.

[10]爱德华兹·B，罗杰斯·N.大家跳舞.奇可·索尼（演唱），1977.

[11]弗里德曼·R，詹姆斯·J.悲痛恢复手册：战胜死亡、离婚和其他损失的行动纲领（第2版）[M].

[12]盖洛普·G.民意调查[M].罗曼和利特尔菲尔出版集团，1991.

[13]艾萨克森·G.音乐：不同的心情不同的曲目[M].今日心理学，2007（9）.

[14]沃斯基·J，圣吉·P，司查蒙·O，当前：人类的目标和未来的田野[M].百老汇出版社，2008.

[15]约瑟夫森·M.重要的事情[M].约瑟夫森研究所，2003.

[16]凯尼恩·G，兰德尔·W.重新谱写我们的生活：通过自传式反思获得个人成长[M].普雷格出版社，1997.

[17]克拉斯·D.不断的纽带：对于悲伤新的理解[M].

[18]库伯勒·罗斯·E.关于临终和死亡[M].劳特利奇出版社，1973.

[19]利兰·J.这是我的葬礼，如果我想我要提供冰淇淋[J].纽约时报，2007(7).

[20]穆迪·R.生命不息，一种现象的调查：跨越身体死亡的生存（矮脚鸡系列丛书）[M].1977.

[21]莫尔斯·M.接近光界：从儿童的濒死经验中学习[M].巴兰坦图书，1991.

[22]布鲁斯·乔尔·鲁宾编导.情深到来生.1983.

[23]普查斯基·C.聆听和关心的时光：慢性病患者和临终患者的心灵护理[M].牛津大学出版社，2006.

[24]赖斯·M.福寿无疆[J].卫报，2005（4）.

[25]桑德森·D.即将离世的妻子写给丈夫的一封信：如何抚养

我们的女儿[J].泰晤士报，2005（4）.

[26]伍迪·艾伦编导.沉睡者.1973.

[27]图图·D.信仰：德斯蒙德·图图大主教的话语和启示[M].
蓝山艺术，2007.

[28]沃尔特·T.葬礼：如何改进一场葬礼[M].1992.

[29]沃尔特·N·亚凡瑟夫.英雄.玛丽亚·凯莉（主演）.1993.

[30]威廉姆森·M.回归爱：对"奇迹课程"原则的反思[M].哈
珀柯林斯出版社，1996.